COUVERTURES SUPERIEURE ET INFERIEURE
DETERIOREES

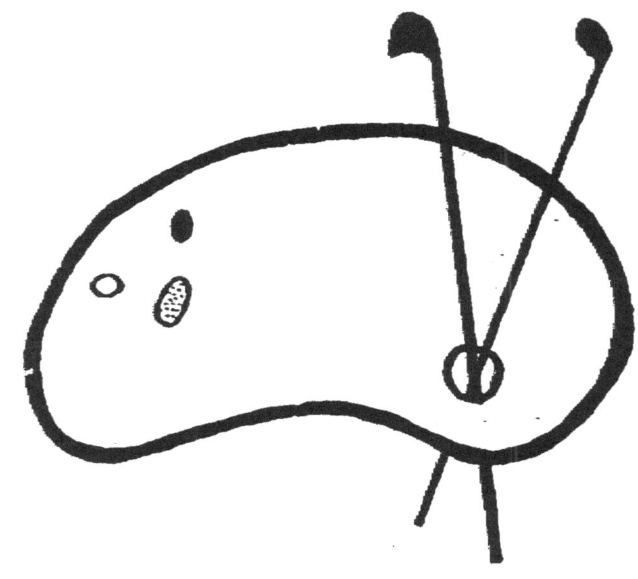

DEBUT D'UNE SERIE DE DOCUMENTS
EN COULEUR

Adolphe **ROCHAS**

bliothèque Historique du Dauphiné

# BBAYE JOYEUSE
# DE PIERRELATTE

D'APRÈS

CUMENTS INÉDITS & LES TRADITIONS

npagné de la MUSIQUE D'UNE CHANSON POPULAIRE

GRENOBLE
avier **DREVET**, éditeur
LIBRAIRE DE L'ACADÉMIE
14, rue Lafayette, 14
Succursale à Uriage-les-Bains

## BIBLIOTHÈQUE LITTÉRAIRE DU DAUPHINÉ.

**Nouvelles et Légendes Dauphinoises**, par *Mme Louise Drevet*, membre de la Société des Gens de Lettres de France, Officier d'Académie.

Pascal Dupré. — La Malanot. — Jérôme le Têtu. — Le Gant Rose.......................... 3.50
Le Petit-Fils de Bayard.......................... 2.50
En Garnison. — La Pierre du Mercier. — Le Saut du Moine 2.50
Le Saule. — L'Incendiaire. — Philis de la Charce (L'invasion du Dauphiné en 1692). (1re édition).... 2.50
Le Secret de la Lhauda.......................... 3.50
Les Trois Pucelles.......................... 1 50
Colombe. — La Ville Morte des Alpes.......... 2 »
Dauphiné Bon-Cœur (Hre de Vaucanson).......... 3.50
Une Etoile Filante.......................... 2 50
La Perle du Trièves.......................... 3.50
Les Diamants Noirs.......................... 3.50
Philis de la Charce et l'Invasion du Dauphiné (2e éd.). 3 »
Le Violonaire. — La Sandrine. — Les Lavandières du Mont-Aiguille.......................... 3 »
Les Grandes Légendes de Dauphiné.............. » »

**La vallée de Chamonix** et le Mont-Blanc, id.... 0.60
**La vallée de la Bourne** avec 4 dessins, id....... 2 »
**Proverbes Dauphinois**, par J.-J.-A. Pilot...... 0.75
**Recueil complet des Poésies patoises du Dauphiné.** (Grenoblo malhérou, Dialoguo de le quatre comare, Coupi de la Lettra, Grenoblo inonda, etc., etc.); avec commentaires et notes par J. Lapaume, professeur à la Faculté des Lettres de Grenoble. — Un magnifique volume in-4°, grand papier, 20 fr.; id. in-8°, beau papier, 15 fr.; id. in-8°, papier ordinaire, 10 fr.; id. in-8°, édition populaire.............. 7.50
**Le Dauphiné**, *Revue littéraire, historique et artistique*, paraissant à Grenoble depuis le 15 mai 1864, p[illegible] hebdomadaires et bi-hebdomadaires, de 16 pages [illegible], avec la collaboration des principaux Littérateurs [illegible], Historiens, Savants et Touristes. — Chaque vol[illegible] renferme des documents nombreux et précieux sur l'**histoire ancienne et contemporaine**, ainsi que des **vues** des sites les plus remarquables du Dauphiné.

Par année, 12 fr. — Le no: 0 fr. 20; nos d'années antérieures, 0 fr. 30; nos avec illustration, 0 fr. 50.

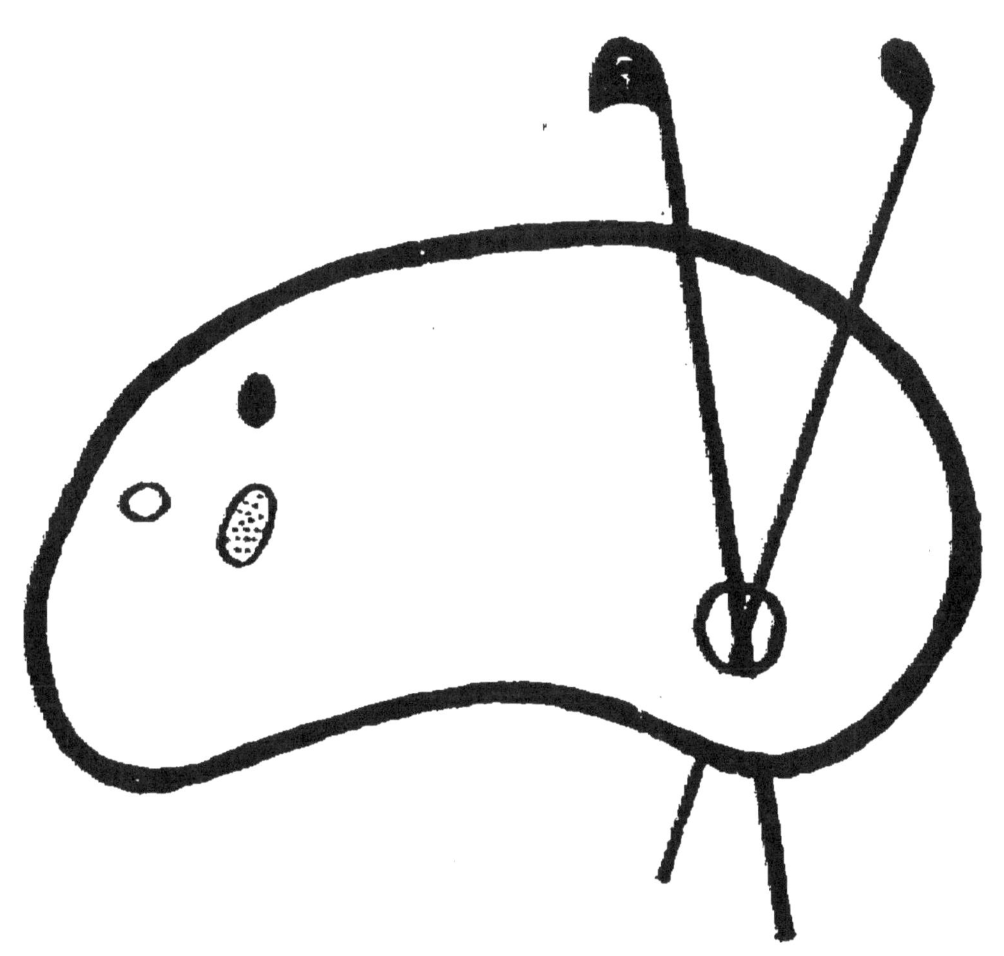

FIN D'UNE SERIE DE DOCUMENTS
EN COULEUR

# L'ABBAYE JOYEUSE

DE

# PIERRELATTE

# L'ABBAYE JOYEUSE

DE

# PIERRELATTE

**D'APRÈS DES DOCUMENTS INÉDITS**

ET LES TRADITIONS POPULAIRES

PAR

**Adolphe ROCHAS**

GRENOBLE

**Xavier DREVET, éditeur**

LIBRAIRE DE L'ACADÉMIE

**14, rue Lafayette, 14**

Succursale à Uriage-les-Bains

***Extrait du Journal* LE DAUPHINÉ.**

# A MONSIEVR EVGÈNE CHAPER

## A GRENOBLE.

MONSIEVR

QVINTILIAN, *en son traicté de l'institution de l'Orateur, enseigne que toutes les parties d'un mesme escript doibuent estre appoinctées à son obiect & bander à son but. Par ainsy, ces plaisantes & ioyeuses recherches deburoient estre dédiées à quelque beuueur très illustre & v..... très précieux, lequel, par ses vertus, suffisance & preudhommie, seroit, de tout poinct, digne d'estre abbé d'une Baye de Bongouuert. Les pantagruélistes de ceste sorte, tant gentils-hommes, bourgeois que aultres, sont, par la grâce de*

*Dieu, en nombre moult notable en nostre prouince de Daulphiné, mais oultre qu'il y auroit grande difficulté à recongnoistre & choisir le plus idoine à mon propos, il se treuue que celui-là dont ie ferois eslection pourroit en estre très marry, car l'honneste homme que arde le feu de Monsieur Sainct Antoine cuide diligemment à cacher son cas & infirmité pour que, passant par les ruës & carrefours, il ne soit monstré au doigt par les femmes & les filles; à quoy il fault adiouster que, pour l'ordinaire, de telles gens sont plus occupés de leurs flacons & unguents que de liures & de bonnes & prouffitables lectures, d'où sensuit que offrir une dédicace à l'un d'iceux seroit chose aussy incongreuë que mettre une bombarde sur un maistre-autel.*

*Tout ce considéré, & pour aultres valables & spécieuses raisons, i'ay esté meu à oultre-passer le susdict précepte de Quintilian & à choisir, par préférence, un personnaige graue, discret & docte, versé ès toutes bonnes lettres, aimant les vieils liures & les histoires d'antan. Parquoy, c'est à vous,* MONSIEVR, *que i'ay con-*

*cluy dédier, en tout bien & honnesteté, ce mien petit liuret, vous priant de l'agréer bénignement, d'aultant que ce m'est occasion de vous donner asseurance de mon entière & parfaicte dilection, & mesmement en souuenir de ceste mirifique collection d'imaiges & pourtraicts Daulphinois qui nous a baillé de si doux esbattemens.*

*Que le ciel vous doint ioye, santé & grand chière.*

*De Valence, au logis de la Croix d'Or.*

AD. ROCHAS.

# L'ABBAYE JOYEUSE DE PIERRELATTE

> Beuvons, laissons toute mélancholie; apporte du meilleur, rince les verres, boute la nappe, chasse ces chiens, souffle ce feu, allume la chandelle, ferme cette porte, taille ces soupes et tiens ma robe que je me mette en pourpoinct pour mieux festoyer les commères.
>
> PANTAGRUEL, liv. 2, ch. 3.

Il existait autrefois dans les provinces de langue romane des sociétés populaires dont le but, tout pantagruélique, consistait à faire des farces aux gens mariés et à leur soutirer de l'argent pour banqueter et se donner du bon temps. Ces singulières sociétés étaient surtout très-multipliées dans le Dauphiné, le Languedoc, la Provence et le Comtat-Venaissin. On les appelait *Abbayes de la Jeunesse*, ou plus généralement *Abbayes de Bongouvert*, de *Maugouvert*, et *Malgouvert*, en latin *malè gubernatæ, mali regiminis*.

Dès le milieu du XVI^e siècle, on les trouve en pleine activité dans un grand nombre de villes et de bourgs du Dauphiné, à Grenoble, Vienne, Rives, Beaurepaire, Gap, Embrun, Serres, Valence, Montélimar, Die, Romans, Dieulefit, Saint-Nazaire-en-Royans, Laboret, La Roche-sur-Buis, Pierrelatte, Nyons, et probablement en bien d'autres lieux encore. Mais elles existaient bien avant le milieu du XVIe siècle, car, dès cette époque, elles nous apparaissent comme ayant depuis longtemps droit de cité et jouissant *ab antiquo* de privilèges particuliers. Leurs origines, qu'il serait bien difficile de déterminer, paraissent plonger profondément dans le moyen âge, la grande époque des associations.

Une Abbaye de Bongouvert était une sorte de corporation formée des jeunes gens non mariés d'une même commune, ceux des classes pauvres, les *tenuiores* des *collegia* de l'antiquité. C'est seulement dans les grands centres que des jeunes gens de la bourgeoisie en faisaient partie. Chacune d'elles était indépendante de ses voisines et se gouvernait à sa guise, sous les ordres d'un chef appelé *abbé* (1). La plupart étaient temporaires, c'est-à-dire qu'elles s'organisaient pour une circonstance déterminée, un bal, une fête, un mariage, après quoi elles se dissolvaient pour se reconstituer de nouveau dans une autre occasion. D'autres, au contraire, étaient permanentes et formaient une institution régulière et légalement reconnue. Celles-ci entretenaient des rapports officiels avec la commune, étaient personnes civiles et pouvaient

---

(1) Il paraîtrait que l'Abbé de Grenoble exerçait une sorte de juridiction, ou de prééminence, sur les autres Abbayes du Graisivaudan. Voir des lettres de provisions délivrées, en 1642, par Vitalis Hugon, qui se qualifie « Abbé général de notre auguste et souveraine Abbaye de Bongouvert », dans la *France par cantons et par communes*, par Th. Ogier, 1re série, article *Rives*, pp. 26-27 (Grenoble, 1863, in-4°). Mais cette pièce pourrait bien n'être qu'une facétie.

recevoir et posséder de la même manière que les gens de mainmorte. Mais, temporaires ou permanentes, toutes avaient pour but essentiel de lever des contributions sur les mariages. C'est là le trait caractéristique des Abbayes de Bongouvert, ce qui les distingue des nombreuses sociétés de plaisir qui, sous les noms les plus divers, existaient dans l'ancienne France. Ces contributions imposées aux maris n'avaient rien de clandestin ni de prohibé. Les adeptes opéraient publiquement, au grand jour, sous la protection des officiers municipaux. Ils se faisaient ainsi un budget dont ils consacraient la plus large part à s'amuser et à faire ripaille ; avec le surplus, ils organisaient des divertissements publics. Ces sociétés répandaient autour d'elles le mouvement et la joie, et elles étaient tellement l'un des éléments nécessaires de la vie communale que, quand il n'en existait pas, c'étaient les consuls eux-mêmes qui cherchaient à les fonder (1).

Malheureusement elles ont laissé un fort mauvais renom. Les contributions arrachées aux maris allaient se fondre en de clandestines débauches, au fond des cabarets et des tavernes, et il en résultait souvent bien du tapage et des scènes scandaleuses. Pendant longtemps le clergé catholique les toléra, comme il avait toléré la fête des Fous et autres scènes empruntées à l'orgie païenne, mais elles ne trouvèrent pas grâce auprès du clergé protestant. Partout où le nouveau culte eut des églises et quelque autorité, elles furent

(1) Ainsi, par exemple, les consuls de Lapalud (Vaucluse) envoyèrent, en 1608, une députation au vice-légat d'Avignon, pour obtenir l'autorisation d'établir une Abbaye de la Jeunesse. (Archives de la commune, CC, 25.)

activement pourchassées. En 1599 et 1601, les commissaires exécuteurs de l'Edit de Nantes en ordonnèrent la suppression et, à diverses époques, les synodes les dénoncèrent aux fidèles comme des foyers de débauche et d'ivrognerie. Les efforts des pasteurs réussirent à les abolir en grand nombre, mais sans les déraciner tout à fait. Elles cédaient, en apparence, aux admonestations, et, à la première occasion, elles se reformaient en cachette (1).

Ces manifestations, grossières peut-être, du vieil esprit gaulois, étaient trop du goût des classes populaires, elles répondaient trop à l'état de ses mœurs pour disparaître ainsi tout à coup et par ordre. A la faveur des privilèges dont on jouissait en ces jours de folles joies, les petits, les déshérités, pouvaient se donner libre carrière et se livrer à certains écarts qu'ils n'auraient pas osé se permettre en d'autres moments. Ils pouvaient notamment rançonner les heureux et les riches, et les tourmenter impunément de mille manières. Comme l'esclave antique aux Bacchanales, ils oubliaient là un instant leur misérable condition et leur dur labeur quotidien. D'ailleurs, les pasteurs ne songeaient pas que tous les hommes ne sont pas taillés de même étoffe, que si les uns, regardant cette vie comme une vallée de larmes, se macèrent et prient pour apaiser un Dieu toujours irrité, d'autres, plus confiants en la bonté du Père Céleste, envisagent les contingences humaines d'une façon moins lugubre, préfèrent jouir du présent et ne pas jeter la proie pour son ombre.

(1) Voir l'*Arrondissement de Montélimar*, par M. Lacroix, t. III, pp. 282 et suiv. (article *Dieu-le-Fit*).

Le temps, les progrès de la civilisation et les règlements de police n'ont pas mieux réussi que les synodes, les consistoires et les pasteurs. Les Abbayes de Bongouvert n'existent plus, il est vrai, comme sociétés constituées, mais la plupart de leurs pratiques survivent encore. Ainsi, à Hauterives et à Charpey, dans la Drôme, on appelle la *Baye* et la *Bayou* les réjouissances faites à l'occasion des mariages ; dans maintes localités, on continue à donner le charivari aux veufs et aux veuves qui se remarient ; on va encore arrêter les noces pour les rançonner ; on va encore porter des réconfortants aux nouveaux mariés pendant la première nuit, etc., etc.

Toutes ces sociétés sont encore très-peu connues, à peine sait-on quelque chose sur quatre ou cinq d'entre elles. Il y aurait là une étude d'ensemble à faire, une sorte de *Monastikon* d'un nouveau genre, qui amènerait les révélations les plus piquantes sur les anciens usages populaires en Dauphiné. Elle fournirait peut-être quelques données générales sur leur point de départ et leur formation ; peut-être aussi permettrait-elle d'entrevoir, sous les apparences frivoles de Bongouvert, quelque chose de philosophique, des aspirations vers la libre pensée, vers cet affranchissement de l'esprit qui a inspiré le livre immortel de Rabelais. Ce sujet si curieux et si inexploré a tenté l'un de nos compatriotes les plus érudits, M. Gustave Vallier. En 1869, dans son *Jean Millet et l'Abbaye de Maugouvert,* il annonçait à l'Académie Delphinale qu'il se proposait de lui soumettre un travail de cette nature. Il est à regretter que ses recherches sur la numismatique et la sigillographie dauphinoises ne lui aient pas encore permis de remplir sa promesse.

L'Abbaye Joyeuse de Pierrelatte était une de ces sociétés vivant sous la règle de Bongouvert. Jusqu'ici on ne la connaissait que par une notice de quelques lignes insérée dans l'*Almanach du Dauphiné* pour 1788, page 329, et bien souvent reproduite, mais qui est erronée sur deux faits essentiels. Pour reconstituer son histoire, j'ai puisé à deux sources principales.

C'est d'abord dans les archives communales de Pierrelatte (1). Elles contiennent d'assez nombreux documents qui permettent de la suivre dans sa vie publique et dans ses rapports avec la municipalité, mais je n'y ai rien trouvé sur son aspect le plus piquant, c'est-à-dire ses mœurs intimes, ses amusements et ses équipées nocturnes. J'ai dû alors recourir à une autre source de renseignements qu'il faudrait dédaigner s'il s'agissait, par exemple, de quelque grave abbaye de Saint-Benoît, mais qui a une grande valeur pour l'histoire d'une abbaye pour rire, je veux parler des traditions populaires.

L'Abbaye Joyeuse a laissé des traces profondes dans les souvenirs des habitants de Pierrelatte. Pendant quelques excursions dans cette ville, il m'a été donné de rencontrer plusieurs pauvres gens très âgés qui m'ont parlé, avec une naïve émotion, de cette *Baye* où leurs grand'mères avaient brillé jadis, et qui m'ont longuement raconté mille anecdotes dont

---

(1) Elles ont été cédées par le conseil municipal aux archives de la préfecture de la Drôme, où elles sont actuellement. M. Lacroix les a inventoriées dans le t. III, série E, de l'*Inventaire sommaire des archives départementales*, sous les nos 3362 à 3489.

on charme les veillées d'hiver. J'y ai recueilli aussi, auprès d'un amateur d'antiquités, M. Aimé Brisset, des détails très circonstanciés sur les rapports de l'Abbaye avec l'autorité ecclésiastique. Enfin, un de ces heureux hasards qui favorisent parfois les chercheurs, a fait tomber entre mes mains un petit mémoire inédit, rédigé en 1861 par M. le comte d'Allard, alors maire de Pierrelatte, dans lequel il a consigné les traditions les plus remarquables. Mais j'ai été surtout aidé par mon vieil ami, M. Lacroix, notre modeste et savant archiviste qui, avec la plus inépuisable obligeance, m'a fourni des notes et des renseignements de toute nature. Je le prie de recevoir mes bien vifs remerciements.

Cependant les documents positifs et les traditions m'ont manqué quelquefois quand j'ai voulu étudier de très-près certaines particularités. Pour ces cas là, j'ai recherché ce qui se pratiquait ailleurs en semblables rencontres, surtout dans les Abbayes de la Jeunesse du Comtat auxquelles, par suite du voisinage, celle de Pierrelatte semble avoir emprunté la plupart de ses usages (1). Ces rapprochements m'ont permis de combler quelques lacunes et d'éviter des teintes trop vagues et trop flottantes ; mais il reste encore, outre la question d'origine, bien des points obscurs que je livre à de plus doctes que moi.

Encore un mot. J'ai à peindre des mœurs peu exemplaires et peu édifiantes. Les gens de l'Abbaye Joyeuse

---

(1) M. Achard, ancien archiviste de Vaucluse, a publié dans l'*Annuaire administratif* de ce département pour 1869, pages 50 à 73, des notes très intéressantes sur les Abbayes du Comtat.

étaient « conficts en mespris des choses fortuites », grands amis des plaisirs, très ardens à l'esteuf ; priant Dieu à l'occasion, mais n'aimant guère le jeûne et les mortifications ; très forts au plat, buvant haut et sec ; peu versés dans les abstractions, si ce n'est celle de la « purée septembrale ». Au milieu d'eux, comme en l'abbaye de Thélème, était un essaim de jeunes filles, toutes rieuses, non moins amies des plaisirs et, sans doute aussi, toutes belles et toutes charmantes. C'est un long épanouissement de cette jeunesse, une suite de fêtes et de « beuveries » que je vais raconter. Pour dire ces choses-là comme il sied, pour faire revivre ces grandes âmes du passé, une certaine liberté de pensées et d'allures était nécessaire ; aussi ai-je dû, à l'exemple du bon Gargantua, ôter parfois ma robe et me mettre en pourpoint pour mieux festoyer les commères.

Dans les actes qui la concernent, l'Abbaye de Pierrelatte est appelée tour à tour *Abbatia Sociorum Petrælatæ*, *Abbaye de la Jeunesse*, la *Baye*, *la Jeunesse*, *Confrérie de la Jeunesse* et, le plus souvent, *Abbaye Joyeuse*.

On ne sait rien sur sa fondation, ni sur les circonstances locales qui la provoquèrent. Elle est mentionnée pour la première fois dans trois testaments du XVIe siècle contenant des legs en sa faveur. Ces documents nous reportent brusquement à une époque où elle existait sans doute depuis longtemps et, dès lors, ils devraient être rejetés plus avant dans mon récit. Mais, outre qu'il serait bien difficile de les placer ailleurs, ils ont ceci de particulier qu'ils peuvent, en quelque sorte, être regardés comme ses chartes de fondation, car ce sont eux qui, par leurs dispositions, l'ont mise en relief et lui ont assuré le caractère durable de toute société possédant des biens au soleil. Pour ces motifs, je vais les faire connaître tout d'abord, avec le soin et l'attention qu'il est d'usage d'accorder aux actes des bienfaiteurs d'œuvres pies.

Le premier de ces testaments, reçu par maître Feroul, notaire à Briançon, est du 22 mars 1536. Le testateur, *noble* Louis de Lacroix *(à cruce)*, était un jeune homme de Pierrelatte, incorporé dans quelque légion levée en Dauphiné, et qui s'en allait guerroyer en Piémont. Il nous apprend qu'avant de franchir les monts, quoique *sanus mente et corpore*, il avait voulu mettre ordre à ses affaires d'ici-bas, ainsi que le doit faire, en de tels cas, tout homme sage et avisé. Son testament, rédigé en latin, contient, entre autres, les dispositions suivantes (1) :

« Il lègue 200 florins pour la construction et réparation de la chapelle Saint-Sébastien fondée dans l'église paroissiale de Pierrelatte (2).

« Plus, aux Confrères de l'Abbaye dudit lieu (*abbatia sociorum Petrælatæ*) une vigne sise en Rothard, de la contenance de 10 journaux (3), et ce pour l'usage des Confrères et pour qu'ils en boivent le vin (*hæc pro usu sociorum ipsius abbatiæ qui utantur vino ipsius vineæ*), sous la condition expresse que lesdits Confrères feront célébrer chaque

---

(1) Archives de l'hospice de Pierrelatte. B, 2. Archives de la ville, E. 3483.

(2) C'était la chapelle consulaire. Elle avait été fondée le 10 novembre 1474, dans l'ancienne église paroissiale, par les consuls et un nommé Pons Adzegati, moyennant une pension annuelle de 5 florins. Le recteur devait être originaire de Pierrelatte, ou y avoir son domicile. La présentation appartenait aux fondateurs (Archives de Pierrelatte, E. 3482).— La ville avait saint Sébastien pour patron et elle portait une arbalète dans ses armoiries. Ces faits semblent écarter l'idée que l'Abbaye Joyeuse aurait été primitivement une compagnie d'archers, ou d'arbalétriers.

(3) Cette vigne appartient aujourd'hui à M. Jacques Rocher,

année, à perpétuité, dans ladite chapelle de Saint-Sébastien, trois grand'messes, à diacre et sous-diacre : l'une, le lendemain de la fête des Romarins (*crastina die Romasinorum*) (1), l'autre, le lundi de la Pentecôte, la troisième, le lendemain de Noël, et que l'Abbé et les Confrères seront tenus d'y assister, chacun d'eux tenant à la main un cierge allumé.

Ces clauses ont quelque chose de remarquable.

D'ordinaire, un homme qui fait son testament est sous l'empire des graves pensées de la mort, et l'on conçoit qu'il songe à fonder des messes pour le repos de son âme. Mais il est certainement assez rare de voir un testateur associer, comme le fait Louis de Lacroix, la pensée de son trépas aux choses de la bouteille, et léguer une vigne aux gens, en expliquant que c'est pour qu'ils aient du vin à boire. Cette tendre sollicitude, en pareil moment, dénote un tel calme philosophique, un épicurisme si transcendant, que je n'ai su résister au désir de savoir qui était ce digne jeune homme.

Ma curiosité a été pleinement satisfaite en parcourant quelques pièces d'un gros procès qui s'éleva, en 1584, entre les consuls de Pierrelatte et de Rac, d'une part, et un sieur Germain, dit de La Croix, d'autre. Celui-ci, qui était l'un des plus riches propriétaires terriens de Pierrelatte, refusait de se laisser cotiser aux tailles, attendu sa qualité de gentilhomme. Ses prétentions étant déniées par les consuls, l'affaire fut portée devant le Parlement de Grenoble et, après cinquante-sept ans de procédures,— c'était l'âge d'or des procu-

---

(1) C'était le lendemain de la Septuagésime. (Archives de Pierrelatte, E. 2483.)

reurs — Antoine Germain fut condamné, en 1641, à payer comme roturier un long arriéré de tailles (1). Or, parmi les pièces de ce long procès, se trouvent des factums très curieux d'un illustre de ce temps-là, maistre Charles du Bonnet Finé, advocat en la cour, plaidant pour les consuls. Il y fait la généalogie des Germain, dits de Lacroix, et y établit, par titres, documents, témoignages des anciens et autres bonnes preuves, que cette famille n'a aucun droit à la noblesse ; puis remontant à son plus ancien auteur, à un Pierre Germain, vivant en 1450, il s'exprime ainsi :

« Il estoit hoste, logeant les allans et venans, « comme font tous les hostelliers, fournissant à vivre « pour argent. La maison en laquelle ledit *Pierre* « habitoit, en laquelle tenoit logis, estoit située dans « le fort dud. Pierrelatte, confrontant du vent à la « ruë, du couchant feue Jeanne Monroux, ruë entre « deux ; et y avoit l'effigie d'une croix rouge peincte « en la muraille à l'entrée d'icelle maison, et à raison « de ce, ladite maison s'appeloit le *logis de la* « *Croix*... Guillaume (l'un de ses enfants) est celuy « qui a voulu le plus glisser pour se jeter dans la « noblesse. C'est luy qui, en ses contrats, auroit quitté « le nom de Germain, cuidant que ce nom de La- « croix estoit plus spécieulx et *magis importabat* « *nobilitatem* que non pas Germain (2). »

(1) Les pièces de ce procès étaient si considérables qu'elles formaient la charge d'un âne. (Archives de Pierrelatte, E. 3448, 3389, 3409. — *Inventaire des Archives de l'Isère*, B. 255.)

(2) L'ancien inventaire de la Chambre des Comptes du Dauphiné, art. Pierrelatte, mentionne plusieurs Lacroix avec la qualification de nobles, à la fin du XVe siècle et au commencement du XVIe. Il y a là une question généalogique que

D'après un autre passage des mêmes factums, Louis de Lacroix, notre testateur, était le petit-fils de ce Pierre Germain « hoste de la Croix » dont il vient d'être parlé Dès lors, il est probable que sa jeunesse s'était écoulée dans l'hôtellerie paternelle, au milieu des « roustisseries aromatisantes », aux doux bruits du tourne-broche et des tonneaux mis en perce. Ce logis de la Croix était peut-être le lieu où les confrères de l'Abbaye venaient prendre leurs ébats et lui-même avait dû faire partie de la joyeuse société; ainsi s'expliquerait, par l'influence de si agréables milieux, cette philosophie épicurienne qui lui inspira la touchante pensée de léguer une vigne à ses amis (1).

Le noble exemple donné par Louis de Lacroix ne resta pas stérile ; deux femmes de Pierrelatte voulurent aussi donner à l'Abbaye Joyeuse des marques de leur affection.

La première fut une nommée Marguerite Sobeyran, ou Soubeyran, veuve de Rostesin Cheysson. Dans son testament, reçu par Jacques Sablon, notaire à

---

je ne prétends pas élucider. Les biens de cette famille passèrent, par alliance, aux Suffise de Pierrelatte, qui, dès lors, prirent le nom de Suffise de la Croix ,ou de Suffise, sieurs de la Croix. Ces derniers ont été l'objet d'une intéressante notice, pleine de faits et de documents inédits, publiée par M. de Coston dans le *Bulletin de la Société d'archéologie de la Drôme*, tome IX, année 1875.

D'après la tradition locale, le portail du logis de la Croix, existerait encore. il forme l'angle de l'ilot de maisons où se trouve la maison des Suffise.

(1) Il paraît que Louis de Lacroix mourut pendant l'expédition dont il faisait partie, car son testament reçut un plein et entier effet.

Donzère, le 22 décembre 1577, on lit la disposition suivante :

« *Item*, donne et lègue ladite testatrice, à l'*Abbaye* « *joieuse* dud. lieu, une sienne terre située à Mallelone, le long du béal du moulin, contenant environ « trois saulmées, avec ses confronts ; à la charge que « les abbez de lad. abbaye seront tenus et devront « faire semblables obsèques chacune année, à perpétuité, que font et ont accoustumé de faire pour feu « noble Louis de la Croix, chacun jour séquutif après « celui ordonné par led. sieur de La Croix ; et, au « cas où ils ne le feroient, donne et lègue icelle terre, « par prélegat, à ses hoirs sous nommez en satisfaisant « à ce que dessus, les instituant en ce recteurs pour « led. legat au cas que ceux de ladite abbaye ne « satisfassent à ce que dessus (1). »

Par suite de circonstances aujourd'hui inconnues, ce legs fut une sorte d'événement ; il a fait époque dans l'histoire de l'Abbaye Joyeuse, et pour en perpétuer le souvenir, on institua une fête annuelle dont j'aurai à décrire le bizarre cérémonial. Grâces à cette fête, Marguerite Sobeyran est devenue une célébrité populaire ; elle est connue de tout Pierrelatte ; son nom a été donné à une rue située derrière l'hôtel de ville où l'on montre encore sa maison ; son champ de Mallelone est encore appelé le *Champ de la Jeunesse* (2). Malheureusement on a peu de renseigne-

(1) Archives de l'hospice de Pierrelatte, B. 2. Archives de la ville, E. 3483.

(2) Ce champ fut vendu par l'hospice en 1832 ; on trouve dans les archives modernes de cet établissement (B. 2) des lettres, rapports, enquêtes, etc, relatifs à la vente Il appartient aujourd'hui à M. Hippolyte Nadal.

ments sur sa personne. On voit par son testament qu'elle était très riche, très charitable et, en 1577, veuve, sans enfants, d'un nommé Rostesin Cheysson. L'*Almanach du Dauphiné* s'est donc trompé en la faisant vivre au XII$^{e}$ siècle et en la qualifiant de vieille fille; j'expliquerai plus loin d'où provient cette erreur. Il paraît qu'elle appartenait à une très bonne famille. Son arrière-grand-oncle, Pierre *de* Sobeyran, prieur de Pierrelatte, avait fondé, vers 1473, dans l'église de cette ville, une chapelle sous le vocable de Saint-Sauveur. Son père n'avait laissé que deux filles, elle était la cadette; sa sœur ainée, Claudine, épousa Geoffroy Sollier, qui eut une fille nommée aussi Marguerite; celle-ci fut mariée, en 1584, à Sébastien de Mellet, dont la descendance semble avoir pris fin par le mariage, en 1625, de Marguerite de Mellet avec François de Panisse, seigneur de Montfaucon (1).

L'autre bienfaitrice de l'Abbaye fut « honneste « Marie Allègre, conjointe personne de Rostezin « Fabre, habitant de Pierrelatte, estant au quartier « des infects et atteinte de la maladie contagieuse. » On lit dans son testament, qui est du 1$^{er}$ août 1586 :

« *Item*, donne et lègue par semblable droit que « dessus et délaisse aux abbez de la *Baye joyeuse* « dudit Pierrelate, vingt et un sols qu'elle veut leur « être deslivrés... incontinent après son décès, « moyennant lesquels veut et entend la dite testatrice « qu'ils soient tenus faire dire et célébrer en l'esglise « dudit Pierrelatte une grand'messe par les seigneurs

(1) Ces détails sont tirés d'un procès concernant le droit de présentation à la chapelle fondée par Pierre de Sobeyran. (Archives de Pierrelatte, E. 3464.)

« prestres agregez en ladite esglise, à diacre et sous-
« diacre, deux fois l'année, sçavoir aux festes de
« Pasques, et l'autre aux festes de Noël, et qu'il soit
« offert chandelles comme est faict lorsqu'on dit et
« célèbre les messes de feu Louys de La Croix, et
« c'est à perpétuité et à jamais (1). »

Je ne sais rien sur cette honneste Marie Allègre. Mais ne peut-on pas supposer, comme pour la Sobeyrane, qu'elle avait brillé, en ses jeunes ans, dans la joyeuse société et que son legs cache de tendres souvenirs d'amour encore vivaces sous les glaces de l'âge? En tout cas, elles devaient être l'une l'autre de ces natures d'élite, trop souvent incomprises, qui conservent le feu sacré jusqu'au jour du trépas.

---

(1) Archives de l'hospice de Pierrelatte, B. 1. — Archives de la ville, E. 3483.

Il ressort de ces trois testaments que, dès le XVIe siècle, l'Abbaye Joyeuse était dans toute sa sphère d'activité, qu'elle était déjà une institution consacrée par le temps et pouvant recevoir et posséder comme personne civile. En dehors de ces données générales, on n'a pas d'autres renseignements sur son passé. Les archives de Pierrelatte ne nous en apprennent rien, elles ne permettent de l'étudier d'une manière positive qu'à partir du XVIIe siècle; mais il est aisé de combler cette lacune de son histoire. Comme ces institutions populaires se modifiaient fort peu, qu'elles restaient fidèles à leurs vieux usages, il est très probable qu'elle fut en tous les temps, à peu de choses près, telle que les documents et les traditions vont nous la montrer.

Ainsi que la plupart des anciennes corporations, elle avait des attaches et un caractère religieux. Elle était placée sous le patronage immédiat du prieur-curé de la ville, qui se mêlait activement à toutes ses affaires intérieures. Cette intervention de l'autorité ecclésiastique dans les plaisirs populaires n'est pas une exception ; à Laborel, le prieur et le curé décimateur donnaient, chaque année, une certaine somme pour distribuer des rubans et des épingles aux hommes, aux femmes et à la jeunesse ; à La Roche-sur-Buis, le prieur « bailloit le prix pour divertissement « honnête de la jeunesse, savoir, pour courir, jouer à « la paume et aux quilles et sauter ensemble, et à « l'arquebuse (1). »

Son personnel comprenait, sans exception, tous les jeunes gens et toutes les jeunes filles non mariés de la ville (2); on les appelait Confrères et Sœurs, et, d'une manière collective, les *compagnons de la jeunesse* ou les *compagnons de Pierrelatte*. Il n'y avait pas de liste d'admission ; toute la jeunesse en faisait partie de droit, venait qui voulait aux convocations ; c'était une association libre dans le sens le plus large ; elle aurait pu prendre la devise des Thélémites « fay ce que vouldras. » Les adolescents y étaient admis, à l'instar de ces jeunes pages qu'on plaçait jadis auprès des grands seigneurs pour les façonner aux vertus chevaleresques. Je ne sais si cette initiation s'appliquait également aux fillettes afin qu'elles se for-

---

(1) Archives de la Drôme, E, 3120, 4326.

(2) Dans quelques provinces, il y avait en même temps deux abbayes rivales, l'une des jeunes gens, l'autre des hommes mariés. Il en était ainsi à Béziers pendant les fêtes du *Roumani*, et à Aigues-Mortes. (Archives du Gard, E, suppl. 21.) — En Dauphiné, la différence des religions semble parfois avoir donné lieu à une scission parmi la jeunesse d'une même localité et à la formation de deux abbayes, l'une des catholiques l'autres des protestants. Voir, par exemple, ce qui se passa à Nyons, en 1660, dans l'*Inventaire des archives de la Drôme*, E, 4701 et 4703.

massent elles aussi, de bonne heure, à la pratique des vertus domestiques. Du moins, il en était ainsi dans les Abbayes de Romans et de Rives où il y avait, outre des *moines*, des *moinillons* et des *moinettes*.

Toute cette jeunesse était gouvernée par un chef, appelé Abbé (1), qui avait sous ses ordres deux officiers inférieurs, un Lieutenant et un Sergent.

L'Abbé était élu tous les ans, en public, à la pluralité des voix. Primitivement l'élection avait lieu le 1er dimanche de mai ; au XVIIe siècle, elle fut reportée au 1er dimanche du carême, dit des Brandons. Elle était annoncée la veille dans les rues, à son de caisse par le Sergent. Toute l'Abbaye se réunissait devant l'église, sur une place, ou bien à la halle, sous la présidence du Prieur. Les garçons seuls avaient le droit de suffrage; l'Abbé et le Lieutenant sortants votaient les premiers. Les filles restaient donc simples spectatrices, mais comme le choix d'un Abbé était de nature à les passionner, leur présence rendait souvent l'assemblée tumultueuse et bruyante et l'on s'y échauffait, ainsi qu'il arrive dans tous les cas où le beau sexe joue un rôle ; aussi le Prieur devait-il avoir fort à faire pour maintenir un peu d'ordre et de calme. En qualité de président, c'est lui qui recueillait et comptait les suffrages et proclamait à haute voix le

---

(1) Il était quelquefois appelé *Capitaine de la Jeunesse*. (Archives de Pierrelatte, E. 3483.) Dans la Provence et le Comtat on l'appelait *Abbé de la Jeunesse*, mais une ordonnance du vice-légat d'Avignon prescrivit, au commencement du XVIIe siècle, de lui donner le nom de *Prince d'Amour* (Archives de Serignan, BB, 3.) A Orange, en 1527, il portait celui d'*Abbé de la Folie*.

nom de l'élu (1). Aussitôt après, le nouvel Abbé se choisissait, dans l'assistance, une commère qui portait dès lors le titre d'Abbesse; les autres jeunes filles s'empressaient de féliciter leur heureuse rivale, en lui offrant un gros bouquet enjolivé de rubans, et celle-ci y prenait la plus belle fleur qu'elle attachait à l'habit de l'Abbé, son compère. Puis tous les deux se prenaient par le bras et, suivis des garçons et des filles se tenant aussi par le bras, ils se rendaient à l'église pour recevoir la consécration religieuse et entendre la messe.

---

(1) En Provence et dans le Comtat, où la plupart de ces sociétés avaient un caractère purement civil, les Abbés étaient élus à l'hôtel de ville, en présence du Viguier et des consuls qui en dressaient procès-verbal et le faisaient insérer dans leurs registres de délibérations; quelques fois ce procès-verbal était reçu par un notaire. Voir le texte de l'acte d'élection d'un Abbé à La Voulte (Ardèche) en 1571, dans les *Recherches sur les anciennes corporations de la France méridionale* par H. Vaschalde (Paris, 1873, in-8°), page 11. — Dans le Comtat, les candidats étaient soumis à certaines épreuves où il fallait déployer de l'adresse et de l'agilité. A Aigues-Mortes, les fonctions d'Abbé étaient mises en adjudication, moyennant quelques cannes d'huile que les consuls affectaient à l'entretien de la lampe du Saint-Sacrement. A Beaucaire, aussitôt après l'élection, une jeune fille de l'assistance mettait sur la tête du nouvel Abbé un « chapel de fleurs » et lui souhaitait un bon été en disant : *boun estiou siè*. Ces usages, qui variaient presque à l'infini, pourraient donner lieu à un chapitre des plus intéressans.

J'ai essayé de dresser une liste des Abbés de Pierrelatte, malheureusement les archives de la commune ne nous ont conservé les noms que d'un bien petit nombre d'entre eux : *Gros*, en 1611 ; *Freschon*, en 1620 ; *Michel de Suffize*, en 1626 ; *Robert*, en 1627 ; *Eymard*, en 1659 ; *François Robert*, en 1665. D'après la tradition, le dernier en exercice se nommait *Vincent Bouvier*.

L'Abbaye avait dans l'église une chapelle particulière où elle faisait dire des messes et où elle s'assemblait lors de certaines cérémonies. Les Sœurs, qui étaient chargées de son entretien, l'avaient fleurie et parée avec soin pour le grand jour de l'élection. Après la messe, le Prieur, revêtu de l'étole, suivi de ses vicaires, des enfants de chœur et du bedeau, se rendait à la chapelle où se tenaient les Confrères avec des cierges à la main. Il montait à l'autel : l'Abbé et l'Abbesse s'agenouillaient à ses pieds. Après quelques oraisons appropriées à la circonstance, il les bénissait en leur imposant l'étole et il adressait en même temps à l'assemblée une petite allocution pour l'inviter à la sagesse. Après quoi, l'Abbé prêtait serment sur l'Evangile de bien et fidèlement exercer son emploi et de maintenir intacts les droits et privilèges de la jeunesse, le tout selon l'usage du lieu. Le Prieur lui en donnait acte et, sans autres formalités, déclarait l'élection bonne et valable pour un an.

La cérémonie achevée, les garçons, dûment bénits et sermonnés, laissaient les filles continuer leurs prières et se répandaient bruyamment dans les rues, chantant, faisant la farandole et tirant des coups de pistolet. L'après-midi, ils se réfugiaient dans quelque hôtellerie où nous irons bientôt les retrouver.

A distance, on se représente volontiers l'Abbé comme le plus beau et, pour me servir d'une vieille expression, comme le plus « gorgias » des jeunes gens de la ville. Mais des considérations de ce genre n'étaient probablement que secondaires, et le candidat avait, je pense, quelque chose d'officiel. En effet, par la nature de ses fonctions, il était souvent dans le cas d'avoir à refréner ses jeunes gens et de prévenir certaines incartades. Il devait donc être une sorte de conservateur, à l'esprit calme et rassis, présentant, par son âge et sa position sociale, des garanties de modération, capables de rassurer les bonnes gens qui ont peur, la nuit, du tapage dans les rues. Du reste, son titre d'Abbé le rendait vénérable à plusieurs lieues à la ronde. Les jeunes filles lui faisaient la révérence; certains hommes, qui redoutaient sa juridiction, le saluaient très-bas. Il était presque tous les jours de fête, de repas, ou de banquet ; il ne se mangeait pas un lièvre ou une perdrix sans qu'il y fût ; il ne se tuait pas un cochon sans qu'on lui envoyât du boudin et des saucisses. En un mot, son importance était des plus réelles ; il disputait presque le pas aux consuls dans les cérémonies publiques.

Quelques Abbés de Bongcuvert avaient, pour les jours de cérémonie, des marques distinctives de leur dignité. A Romans, c'étaient une crosse, des vêtements pontificaux et divers ornements injurieux pour le culte catholique (1); à Pierrelatte, où l'Abbé remplissait à la fois des fonctions civiles et militaires, il avait deux sortes d'insignes : pour ses fonctions civiles, il portait, comme marque d'*imperium*, comme *pedum pastorale*, une grande canne à laquelle les Sœurs, à l'envi l'une de l'autre, attachaient une multitude de longs rubans de toutes couleurs ; pour ses fonctions militaires, il avait l'épée au côté et des épaulettes, en forme de trèfle, qui rappellent un peu celles de nos

---

(1) Voir de curieux détails à ce sujet, pages 29 et suivantes de l'ouvrage intitulé : *Le bon Prélat ou discours de la vie et de la mort du Révérend Père en Dieu messire Antoine de Tolosany, abbé et supérieur général de l'ordre de Saint-Antoine de Viennois*, par Jean de Loyac. Paris, Ant. Bertier, 1645, in-8°.

gendarmes (1). Dans les circonstances solennelles, le Lieutenant portait devant lui, comme en l'Abbaye de Liesse d'Arras, un drapeau rouge sur lequel étaient quelques dessins symboliques.

Les deux autres dignitaires, le Lieutenant et le Sergent, étaient élus le même jour, à huis clos, dans une réunion tenue au lieu ordinaire des séances de l'Abbaye, dans une hôtellerie.

Avant l'établissement des cafés (2), les hôtelleries, les cabarets et les tavernes étaient les seuls lieux publics où les oisifs pouvaient se réunir. En gens assez enclins à l'intempérance, les Confrères allaient indifféremment dans les uns ou les autres de ces doux asiles ; cependant, par décorum, ils avaient fait choix d'une hôtellerie pour leur quartier général et leur centre officiel. Pierrelatte était autrefois un gîte d'étape très fréquenté où s'arrêtaient les voyageurs et les troupes qui suivaient la route de Lyon, aussi les hôtelleries y étaient-elles assez nombreuses. J'ai pu retrouver les noms des principales : c'étaient la *Croix rouge* et le *Cerf* au XVI^e siècle ; la *Couronne*, la *Truie-qui-file* et le *Chariot-d'Or* au XVII^e ; les *Trois-Pigeons* et le *Griffon-d'Or* au XVIII^e. Une circonstance particulière m'a fait remarquer le *Chariot-d'Or*. D'après une procédure que j'ai eu sous les yeux, il était tenu, vers 1620, par une respectable hôtesse qui fut l'objet d'une plainte motivée sur « le scandale estant en son « logis et la paillardise quasi-publique de ses cham-

---

(1) Dans quelques Abbayes de Provence les Abbés portaient, les jours de cérémonie, un rabat de prêtre.

(2) Le premier café ne fut établi à Paris qu'en 1672, par un Arménien nommé Pascal.

« brières (1). » L'aimable liberté qui règne en de tels lieux devait, ce semble, assez convenir à nos gens, et j'incline à croire qu'ils choisissaient de préférence les logis dont la tenue rappelait le mieux le *Chariot-d'Or*.

Quoi qu'il en soit, l'hôtelier affectait une salle spécialement à leur usage. Ils y banquetaient et y tenaient conseil; c'était leur réfectoire et leur salle capitulaire. Eux seuls avaient droit d'y entrer, car il pouvait s'y tenir des conciliabules dont les profanes étaient aussi sévèrement exclus que dans les mystères antiques ; mais quand aucune délibération n'appelait *ad capitulum capitulantes*, ils y admettaient des amis, quelques maris venant boire bouteille en cachette de leurs femmes, quelques vieux, bons raillards en leur temps, qui leur réjouissaient le cœur par des contes d'antan.

C'est dans cette salle que nous allons rejoindre nos compagnons, le jour de l'élection de leur Abbé.

Dans les abbayes de moinerie, l'intronisation d'un abbé était solennisée par des adoucissements au régime du réfectoire. L'Abbaye Joyeuse suivait, à sa façon, d'aussi louables errements. Le nouvel élu payait son droit de joyeux avénement, son béjaune. Ce jour-là, il y avait débauche complète, on buvait gratis et

(1) Ces choses-là étaient de tradition. Jusqu'à la fin du XVIe siècle, les ribaudes siégeaient d'ordinaire dans les cabarets et autres lieux où l'on donnait à boire. Voir l'*Histoire de Montélimar*, par M. de Coston, tome I, page 509. Mais il va sans dire que le *Chariot-d'Or* avait dû, par la suite des temps, changer d'allures et perdre son mauvais renom, car l'évêque de Saint-Paul, en visite pastorale, y logea en 1687. (Archives de Pierrelatte, E. 3370.)

à discrétion, aussi l'élection était-elle fêtée, acclamée et arrosée en conscience, et c'était au milieu des toasts, des chants, des rires et des propos des buveurs que l'on procédait à l'élection du Lieutenant et du Sergent.

J'ai dit que, par son âge et son caractère, l'Abbé devait offrir des garanties de calme et de modération. Par contre, le Lieutenant représentait plus exactement l'esprit général de la compagnie, ses tendances tapageuses et ses mœurs relâchées. On choisissait d'ordinaire le coq de la ville, un gars à poil, solide et délibéré, fameux par maints exploits, portant haut la crête, mangeant salé et buvant net, passé maître aux boules et aux quilles, reçu docteur ès-braguettes. C'est lui qui recevait les ordres de l'Abbé et les faisait exécuter, qui veillait aux détails matériels, qui tenait la caisse et la comptabilité, qui avait en garde la clef du précieux caveau où, en attendant mieux, étaient déposés le vin et autres produits des dimes. Mais ses principales fonctions consistaient à remplacer l'Abbé en de certaines expéditions nocturnes où celui-ci ne pouvait décemment ni paraître, ni prêter les mains.

Le Sergent était le valet, le factotum, le *gracioso* de la troupe ; à la différence de l'Abbé et du Lieutenant, il pouvait être maintenu en exercice pendant plusieurs années consécutives. Il fallait en effet quelqu'un qui connût à fond les us et coutumes et tous les trucs de l'Abbaye, qui sût comment il fallait opérer en tels ou tels cas, qui eût une certaine pratique pour exécuter les divers commandements de l'Abbé ; or, le Sergent était à cet égard l'homme de la tradition. Je n'ai pas de renseignements bien précis sur la personne de ce digne fonctionnaire, mais quelques traits recueillis çà et là permettent de se le représenter comme un vieux garçon endurci dans le célibat, grand hâbleur, grand écouleur de burettes, plongé chaque jour, dès l'aurore, dans cet état de douce béatitude qu'on appelle « entre deux vins ». Il semble qu'il convient aussi de compter parmi les qualités inhérentes à son emploi une sainte aversion pour le travail ; mais l'Abbaye devait être pour lui un pays de cocagne ; elle devait lui procurer tant de manne, tant de franches lippées, qu'il n'avait, en vérité, nul besoin d'autre profession.

Ses fonctions étaient assez variées, on le verra à l'œuvre. Les deux principales consistaient à battre la caisse en tête des cortèges et à convoquer les Confrères. Battre la caisse était un privilège de l'Abbaye. Les proclamations de la municipalité avaient lieu à cri ou à son de trompe ; nul ne pouvait faire usage du tambour sans la permission de l'Abbé. La manière de convoquer les Confrères était assez primitive et rappelle un peu ce qui se pratiquait dans les villes en temps de peste : la veille, à la nuit close, le Sergent s'en allait par les rues, portant deux seaux remplis, l'un de sang de bœuf, l'autre de chaux délayée dans de l'eau ; à la porte des Confrères, il faisait une croix rouge ; à celle des Sœurs, une croix blanche ; il marquait chaque porte d'autant de croix que la maison contenait de garçons et de filles. Dans l'Abbaye de Bongouvert de Die, la croix rouge, par une méchante allusion biblique, était appelée le *Tau pascal*.

Ainsi constituée, l'Abbaye Joyeuse jouissait de deux privilèges qui formaient son statut particulier. Elle seule avait le droit d'organiser les fêtes, les bals, les cérémonies, en un mot toutes les réjouissances publiques. Ce droit, qui établissait une sorte de maîtrise des plaisirs, lui appartenait tellement en propre, d'une manière si exclusive, que les consuls eux-mêmes ne pouvaient rien faire faire directement à ce sujet sans son concours. A l'approche d'un jour de fête, le conseil de ville se bornait à ordonner que tel ou tel divertissement aurait lieu ; le premier consul en donnait avis à l'Abbé, et celui-ci restait chargé des préparatifs nécessaires et de tous les détails matériels de l'exécution ; et même, en certain cas, il devait supporter une partie de la dépense. A ce point de vue, malgré son apparence frivole, l'Abbaye avait donc sa raison d'être et son utilité ; elle était, par le fait, l'un des rouages de l'administration communale. De son côté, comme *im-*

*presario*, comme organisateur officiel des plaisirs, l'Abbé était un véritable fonctionnaire public (1).

Son deuxième privilège avait pour objet « les charivaris et la sortie des mariés », c'est-à-dire qu'elle avait le droit — peut-être comme rémunération de ses services — de lever à son profit des contributions sur les mariages des veufs et des forains.

Toutes les Abbayes de Bongouvert levaient de semblables contributions, mais je n'en connais aucune autre en Dauphiné qui eût aussi le monopole des réjouissances publiques. Dans le Comtat c'était, au contraire, une règle à peu près générale. Là, l'organisation des fêtes et l'exploitation de certains mariages étaient deux termes corrélatifs, la condition expresse l'un de l'autre. Les consuls et les Abbés y dressaient, par-devant notaire, de véritables contrats synallagmatiques énumérant minutieusement toutes les obligations auxquelles ceux-ci étaient tenus pour jouir des droits sur les veufs et les forains (2).

---

(1) Dans la Provence et le Comtat les Abbés avaient toujours ce caractère. Ils touchaient des appointements fixes en argent, ou en denrées ; quelquefois ils étaient exempts des impositions locales et de la milice.

(2) Il y a un document très remarquable de ce genre, daté de 1680, concernant l'Abbaye de Bédarrides, dans les archives départementales de Vaucluse, B, 1325. En voici l'analyse sommaire :

L'Abbé s'engage à donner un bal, avec violons, à la jeunesse, les dimanches et jours de fête du mois de mai, le jour de la saint Laurent, le jour du dimanche du *Roumanin*, et les trois derniers jours de Carnaval ;

A dresser des mais, le 1er mai, à la porte de l'église, à la maison de ville, etc. ;

A faire *la poivrée?* aux habitants ;

Dans notre Abbaye Joyeuse on n'y mettait pas tant de façons : ses deux privilèges lui étaient confirmés *ipso facto* par la consécration de chaque nouvel abbé. Toute son histoire est dans leur mise en pratique ; nous allons voir comment elle en usait et en abusait.

Les divertissements les plus usités à Pierrelatte étaient les bravades et les feux de joie.

La bravade était le tir à l'oiseau, ou pape-gay. Ce divertissement, emprunté à la Provence, avait été institué, dit-on, en 1256, pour fêter Charles d'Anjou revenant de la Terre-Sainte. De grand matin, l'Abbé faisait dresser par le Sergent, au pied du rocher, un grand mât au haut duquel était attaché un oiseau en bois peint, ou quelque malheureux volatile gorgé d'eau-de-vie. Les amateurs, prévenus la veille par les proclamations du Sergent, venaient donner là des preuves de leur adresse. On tirait à l'arbalète, à l'arquebuse, au mousquet, ou au fusil, selon les époques. La municipalité fournissait la poudre (1). L'Abbé, revêtu de ses insignes militaires, se tenait à côté des tireurs, comme juge du camp, pour prononcer sur les coups douteux et faire observer les règles de la bravade. Il offrait « le coup d'honneur », c'est-à-dire qu'il désignait la personne qui devait tirer le premier coup. Le tir n'était pas gratuit, chaque tireur payait une petite contribution au profit de la caisse de l'Abbaye.

---

A donner le repas accoutumé aux magistrats.

A ces conditions, il aura le droit de percevoir les charivaris et la sortie des mariés ; il recevra, en outre, trois côtes de bœuf pesant 9 livres, tout le foie et un pied de bœuf à la deuxième fête de Pâques.

(1) On en dépensait 12 à 13 livres à chaque bravade. (Arch. de Pierrelatte, E, 3114, 3420.)

Celui qui abattait le pape-gay était proclamé « roi de l'oiseau » et l'on dressait, séance tenante, un procès-verbal par-devant notaire, car le vainqueur était, de droit, exempt de tailles pendant un an (1). Sa victoire en faisait une sorte de personnage pour le reste de la journée. Il parcourait la ville, au son du tambour, pour se faire voir, entouré des Confrères comme d'une garde d'honneur, puis tous ensemble, ils allaient fêter, le verre en main, l'éphémère royauté.

Les feux de joie étaient bien plus fréquents que les bravades. On en faisait ordinairement deux à la fois, l'un sur la place (2), l'autre sur le Rocher. Ils consistaient en de hauts bûchers de sarments (3), que les Confrères s'ingéniaient à enjoliver de feuillage pour leur donner une galante façon (4). Le soir venu, l'Abbé, escorté de tous ses jeunes gens, se rendait à la maison commune où le clergé, les consuls et les notables étaient réunis. Sur son invitation, ces graves personnages se dirigeaient processionnellement vers

---

(1) Tel était, du moins, l'usage à Pierrelatte à la fin du XVIe siècle. On lit dans l'un des factums de Me Finé du Bonnet, dont j'ai parlé plus haut : « On peut adjouster que ceux qui « sont roys du pape-gay sont exempts de tailles pour lad. année, à l'occasion de quoy le demandeur (Ant. Germain, dit de Lacroix) comme roy une année auroit jouy de lad. exemption. »

(2) Les comptes consulaires se bornent toujours à dire « la place » sans autre désignation plus précise.

(3) Ils étaient fournis par la ville. En 1696 il fut employé pour les deux feux 80 fagots qui coûtèrent deux livres. (Arch. de Pierrelatte, E, 3420, 3374.)

(4) A Gap, il y avait un raffinement qui mérite d'être signalé: on attachait des chats vivants au milieu du bûcher. (Pilot, *Annuaire de l'Isère*, 1841, page 49.)

la place, chacun avec un flambeau allumé à la main (1). Alors se présentait une grosse question d'étiquette, savoir qui allait mettre le feu au bûcher. C'était une marque de distinction qui ne s'accordait pas à la légère et que les rois eux-mêmes ne dédaignaient pas (2). Cet honneur appartenait de droit au premier consul, mais il s'en départait souvent en faveur du seigneur du lieu, du juge, d'un illustre de passage, même du roi du pape-gay, s'il était homme de condition. Probablement ce point délicat se décidait à l'avance, en conseil de ville, afin que l'Abbé, qui remplissait les fonctions de maître des cérémonies, sût à qui il devait « offrir les honneurs du feu ». Le cortège consulaire était ensuite reconduit par la jeunesse à la maison commune.

Les bravades et les feux de joie avaient lieu dans toutes les circonstances où la municipalité voulait témoigner beaucoup d'allégresse, telles que les principales fêtes de l'Eglise « les quatre processions » (3), une victoire des armées du Roi, la naissance d'un fils de France, l'arrivée du seigneur, de l'évêque, etc. Les passages des gens de marque étaient toujours accompagnés de grandes démonstrations. Les consuls,

---

(1) Le droit de porter un flambeau en cette circonstance était un privilège très recherché. Voir une consultation de l'avocat Piémont de Frize « sur la réclamation d'un flambeau « faite par le lieutenant du juge lorsqu'il y a feu de joie à « Pierrelatte, » (Arch. de Pierrelatte, E, 3181.)

(2) En 1502 et 1511, le roi Louis XII, se trouvant à Grenoble, mit le feu au bûcher de la saint Jean.

(3) C'étaient quatre processions annuelles que le conseil de ville avait fondées pour remercier Dieu de la cessation de la peste.

en robe et en chaperon, allaient les recevoir aux portes de la ville. Les jeunes gens de l'Abbaye prenaient les armes pour les escorter et ils ne manquaient pas, à l'arrivée du personnage, de le saluer par des mousquetades (1). Le soir, il y avait l'inévitable feu de joie.

Ces feux causaient aux habitants un plaisir extrême ; ils en allumaient pour le moindre événement. C'était surtout dans la soirée du 23 juin, veille de la fête de saint Jean-Baptiste, qu'ils se donnaient pleine carrière. Selon un usage à peu près général en France, on faisait ce jour-là de grands feux dans les rues. Chaque ménage tenait à avoir le sien au devant de sa maison, et il n'était pas de pauvre homme qui ne se procurât quelques fagots de sarment pour prendre part à la fête (2). On attachait à ces feux des idées superstitieuses ; les jeunes filles devaient en visiter neuf pour trouver à se marier dans l'année ; les femmes grosses sautaient par-dessus pour se procurer une heureuse délivrance. La municipalité, elle aussi, se conformait à ce goût général et chargeait l'Abbé de dresser deux bûchers sur la place et sur le Rocher. Le prieur-curé les bénissait et c'était lui qui, le soir, donnait le signal général du feu en allumant un bûcher préparé devant son église.

---

(1) Arch. de Pierrelatte, E, 3410, 3414, 3415, 3375. Les armes leur étaient prêtées par la ville. Elle acheta, en 1615, d'un armurier de Saint-Etienne, « 3 douzaines 1/2 de mousquets, longs de trois pieds, avec leur fourchette sans pointe ; 5 douzaines d'arquebuses et une douzaine de hallebardes à la françoise. » (Ibid., E, 3400.)

(2) Les comptes consulaires de la commune mentionnent invariablement chaque année des dépenses faites pour le 23 juin.

Les jours de foire et de vogue, l'Abbé remplissait encore des fonctions officielles, mais de pure galanterie. Il devait donner un bal, se procurer des ménétriers et amener les danseurs et les danseuses. La tradition nous a conservé à ce sujet quelques détails. La jeunesse s'assemblait en un lieu convenu d'avance, parée de ses plus beaux habits des dimanches. Quand la réunion était au complet, l'Abbé, précédé de ménétriers jouant du violon, et suivi de ses jeunes gens, se rendait chez l'Abbesse auprès de laquelle les Sœurs de l'Abbaye s'étaient donné rendez-vous. Les jeunes gens se rangeaient en cercle devant la porte de la maison et l'Abbé entrait pour inviter l'Abbesse et obtenir l'agrément de ses parents. Il lui offrait ensuite le bras, chaque Confrère offrait le sien à celle des jeunes filles qui lui plaisait et la troupe joyeuse, au son des violons, se dirigeait vers le lieu du bal. L'Abbé dansait la première danse avec l'Abbesse. C'est lui qui faisait la police, qui appaisait les querelles et maintenait l'ordre et la décence. Après le bal, il reconduisait, dans le même ordre, l'Abbesse auprès de ses parents.

Enfin la plantation des *Mais* rentrait aussi dans les attributions de l'Abbaye. On donnait ce nom à des arbres plantés le 1er mai devant les maisons des personnes que l'on voulait honorer : cet usage a subsisté jusqu'à la Révolution. Les amants en dressaient un à la porte de leurs belles et, pendant la nuit, ils y venaient chanter leur amour, ou se plaindre des rigueurs de la perfide. Tout le monde connaît la délicieuse chanson que Delacroix nous a conservée dans la seconde édition de sa *Statistique de la Drôme*. A Pierrelatte, l'Abbé devait planter un mai tous les ans devant la maison de ville. Les consuls lui demandaient souvent de faire pareil honneur au logis d'un nouveau curé, d'un nouveau juge, ou autres personnages. Pour de simples particuliers, c'était ordinairement un peuplier que l'on se bornait à enfoncer en terre, mais pour la maison de ville, on y mettait plus de façons. Le mai consistait en une longue pièce de bois entourée de buis sur laquelle on fixait un tronc d'arbre avec des crampons de fer. Plus cet appareil était élevé, plus la démonstration avait un caractère honorifique. On y mettait des fleurs, des armoiries ou des devises. Ces enjolivements s'appelaient « les livrées du mai » (1).

Après chaque divertissement, la ville offrait une « collation »; c'est le mot employé dans les comptes de la commune. Lors d'un tir à l'oiseau, c'était « à « tous les messieurs qui avaient fait la bravade » ; dans les autres cas, c'était seulement à l'Abbé et au Lieutenant. Ces collations ne grevaient pas outre mesure la caisse municipale ; les sommes votées à cet effet ne s'élevaient pas à plus de 7 à 8 livres et encore les consuls se bornaient-ils parfois à offrir le pain et le vin ; ils allouaient aussi au Sergent un petit pourboire de 1 à 2 livres (2). Quant aux simples Confrères qui souvent avaient dû travailler manuellement

---

(1) On trouve dans les archives de la Drôme (E, 3797) un compte contenant le détail et les prix des diverses fournitures faites à Romans en 1594 « par le commandement de M. l'abbé « de la Baye de Bon-Gouvert pour fère planter le mai de la « place ».

(2) Archives de Pierrelatte, E, 3374, 3414, 3415, 3419, 3420.

et même se fatiguer pour divertir les habitants, ils n'obtenaient pas une seule marque d'attention ; les libéralités consulaires s'arrêtaient à la mense abbatiale. Mais il ne faut pas oublier que l'organisation des fêtes étant à la charge de l'Abbaye et l'une des conditions de son existence, la municipalité ne lui devait absolument rien. Les collations, le pain et le vin étaient affaire de courtoisie, de simples témoignages de satisfaction, rien de plus. Les Confrères trouvaient une ample et suffisante récompense de leurs peines dans les larges aubaines que leur procurait le privilège sur les mariages des veufs et des forains.

AUTREFOIS, les secondes noces étaient encore plus mal vues que de nos jours ; on y attachait quelque chose de ridicule, même de la réprobation, si l'un des époux avait des enfants d'un premier lit. Les jurisconsultes disaient qu'il y avait *neglectus filiorum prioris copulæ et gravis præsumptio incontinentiæ*. Non-seulement la législation les traitait très défavorablement, mais l'Eglise allait quelquefois jusqu'à leur refuser la bénédiction nuptiale ; elle ne faisait que les tolérer, *quia meliùs est nubere quam uri*, selon la remarque de saint Paul.

Comme sanction de ces sentiments, les veufs qui convolaient étaient livrés sans pitié à la juridiction des Abbayes de Bongouvert. Elles leur infligeaient ce genre de concert appelé Charivari, où l'on peut voir, tout à la fois, une note d'infamie, une protestation de la conscience publique, une manière de venger la mémoire du conjoint prédécédé et d'apaiser ses mânes irrités. De toutes leurs attributions, c'était la plus ancienne et la plus générale, aussi les a-t-on souvent désignées sous le nom « d'Abbayes de Charivari ».

A Pierrelatte, comme partout ailleurs, cette démonstration populaire avait le pouvoir de vexer énormément ceux qui en étaient l'objet. Les gens prudents et sages parvenaient à s'y soustraire en composant avec l'Abbé, c'est-à-dire en le prévenant, à l'avance, qu'ils lui ouvraient un crédit honnête à l'hôtellerie. D'autres, qui se croyaient plus avisés, se mariaient à l'improviste, à minuit (1), plusieurs jours après les publications au prône. Mais ce petit calcul ne leur épargnait pas le charivari, car l'Abbé avait un complice assez inattendu qui tenait note de ces mariages nocturnes et lui en donnait secrètement avis : c'était le Prieur lui-même. En échange de ce bon procédé, les Confrères lui faisaient hommage d'une poule grasse pour son pot (2).

Toutes les secondes noces, sans exception, étaient

---

(1) Ce n'était pas uniquement pour ce motif, ou pour se soustraire aux regards des curieux, qu'on se mariait autrefois à minuit. D'après une croyance superstitieuse, on supposait que les mariages célébrés avant le lever du soleil et les portes de l'église fermées, étaient préservés de l'influence maligne du démon et des sortilèges. Voir *Ordonnances synodales du diocèse de Saint-Paul-trois-Châteaux.* (Avignon, 1751, in-12, page 311.)

(2) En pareil cas, les Confrères de l'Abbaye de Romans faisaient cadeau au curé d'un chapeau neuf. (Archives de la Drôme, E, 3797; le *Dauphiné*, n° du 21 avril 1867.) Ceux de Pierrelatte donnaient une poule au Prieur, parce que, d'après l'usage, tous les nouveaux mariés en offraient une au prêtre qui les avait bénis. Cette contribution fut abolie par l'évêque de Saint-Paul, dans sa visite pastorale du 23 juillet 1633. (Archives de Pierrelatte, E, 3483.)

sujettes à une taxe au profit de l'Abbaye ; il lui en était dû une autre s'il y avait eu charivari. Celle-ci était laissée à l'arbitraire des charivarisans, mais la première était établie d'après des règles qui variaient, du reste, selon les localités : à Valence, les Consuls la fixaient à l'amiable (1) ; à Romans, elle était calculée d'après « les verchères » (2). L'Abbé pouvait en poursuivre le recouvrement en justice.

Le privilège sur les mariages entre forains, ou bien sur « l'entrée et la sortie des mariés », donnait droit à une autre taxe qui se levait de la manière suivante :

---

(1) A Valence, il y avait plusieurs sortes de charivaris, selon la classe ou la qualité des personnes : *Charivaricum, seu larnagium, surla, larnagia turpia et fœtida* (Archives de la Drôme, E, 2556). Ducange paraît n'avoir pas connu les mots *surla* et *larnagium*.

(2) Pour donner une idée de ces redevances charivariques, voici un extrait des comptes du trésorier de l'Abbaye de Romans : (Archives de la Drôme, E, 3797.)

*Rolle de ceulx qu'il faull cotiser pour la baye de Bongouvert, le 25 janvier 1603.*

Joffrey Galis, pour avoir espousé Marguerite Comte, y comprins le charavarin a eus baillé........... 5 livres.

M. Claude Boissonnet, pour le charavarin. 4 liv. 10 sous.

Me Pierre Laurent, pour avoir espousé Antoinette Bouvier, et pour le charavarin..... 3 livres.

M. l'auditeur Coste, pour le charavarin de son second mariage.................... 6 livres.

M. Martin, pour son mariage avec demoiselle Charlotte Velheu, et pour le charavarin. 24 livres.

M. Jehan Bernard, pour son second mariage et charavarin.................. .. 3 livres.

Sieur Pierre Arsenay. pour son troisième mariage avec la fille de Jehan Blachier..... 12 livres.

Quand un jeune homme de Pierrelatte avait épousé une fille étrangère, l'Abbé s'informait du jour précis où les deux époux devaient arriver ; puis, avec une troupe d'élite, il allait les attendre sur la limite du territoire de la ville, en travers du chemin. Là, il complimentait la mariée et lui offrait, en signe de bienvenue, sur une assiette, une pelote enjolivée de rubans. Pour avoir la liberté de passer outre, le mari devait déposer sur l'assiette une petite contribution. Mais, s'il se montrait récalcitrant, on lui enlevait sa femme, même de force, et elle ne lui était rendue que moyennant rançon. Ce droit d'importation payé, les époux faisaient leur entrée en ville escortés de nos jeunes gens, qui les entraînaient au cabaret, où ils mettaient tout en œuvre pour faire boire le mari et avoir le bonheur suprême de le rendre ivre-mort à sa jeune femme.

Quand, au contraire, c'était un étranger qui épousait une fille de Pierrelatte, l'Abbé faisait dresser des barrières à la porte de la ville où les mariés devaient passer pour se rendre chez eux (1). Arrivés là, on

(1) En quelques lieux, ces barrières consistaient simplement en une longue barre de bois que deux jeunes gens tenaient à la main, en travers d'une rue ou d'un chemin étroit. A l'arrivée de la noce, ils élevaient plus ou moins la barre selon l'âge des gens, car pour passer, il fallait sauter par-dessus. Quand venait le tour de la mariée, ils l'élevaient assez haut pour que, en sautant, elle fit voir ses *boutéoux*. Cela s'appelait « faire sauter à la barre », ou « faire sauter la mariée ».

L'usage d'arrêter les noces par des barrières a été très répandu en Dauphiné. Il fut interdit, en 1749, par un arrêt du Parlement de Grenoble (Archives départementales de l'Isère, B, 2195), mais il a continué à subsister dans certaines petites localités jusqu'à nos jours.

leur présentait l'assiette et la pelote, et ils ne pouvaient sortir avant que le droit d'exportation ne fût acquitté. Ils étaient ensuite reconduits, en cérémonie, jusqu'à la limite du territoire de la commune.

Cette contribution se percevait à l'amiable, d'une façon toute gracieuse. Ailleurs, elle était obligatoire. Dans la Provence, un arrêt du Parlement d'Aix, du 3 août 1717, l'avait fixée à 15 livres pour toute dot inférieure à 300 livres (1) ; dans le Comtat, elle était de un pour cent de la dot et le recouvrement pouvait donner lieu à une action judiciaire. Ainsi, à Bédarrides, l'Abbé fit assigner et condamner, en 1683, un juif de Cavaillon qui avait trouvé moyen de s'affranchir « du droit que sont tenus de payer ceux qui se « marient hors Bedarrides » (2).

L'usage d'imposer les mariages forains se rattache à de grosses questions que je me borne à indiquer. Il était, peut-être, un vestige de ce fameux « droit du seigneur » qui a donné lieu a tant de controverses. Après avoir été, à des époques barbares, probablement exercé *carnaliter*, en Ecosse sous le nom de *marcheta*, en France sous celui de *culagium* (3), il fut converti en une redevance, en argent ou en denrées, que les mariés devaient payer à leur seigneur pour la première nuit de noces (4). D'abord, elle était

---

(1) Morgues. *Commentaire sur le statut de Provence*, édit. de 1658, page 309.

(2) Archives départementales de Vaucluse, B, 1327. — Voir un fait du même genre pour l'Abbaye de Bollène, en 1629. (*Ibid.*, B, 1592.)

(3) Voir les textes cités par Ducange, V° *Marcheta*.

(4) Notre Aimar du Rivail, qui écrivait au commencement du XVI° siècle, rapporte que, de son temps, à Montvendre,

due par les mainmortables, ou hommes de condition servile; par la suite, elle ne fut exigée que des gens qui se mariaient hors des terres de la seigneurie. Dans les coutumes de Troyes, de Meaux et autres, on l'appelait *for-mariage*, et dans le Midi, *pelote* (1). A Pierrelatte, ce droit seigneurial étant passé à la commune, je ne sais à quelle époque, elle en avait abandonné la perception à l'Abbaye Joyeuse (2). Malheureusement, il donnait souvent lieu à des rixes violentes, surtout lorsqu'il existait entre les Pierrelattais et les habitants des villages voisins une de ces haines locales si communes au bon vieux temps.

Ces taxes sur les veufs et les forains, jointes aux produits de la vigne de Rothard et du champ de Mallelone, formaient le budget légal et avouable de l'Abbaye. Il n'est pas possible, à cause de leur caractère tout éventuel, de déterminer ce que lui rapportaient les secondes noces, les charivaris et la pelote, mais il y a des bases assez positives pour évaluer son revenu foncier.

La vigne de Rothard contenait trois hémines du pays. Aux termes du testament de L. de Lacroix, la récolte était spécialement destinée à désaltérer les

---

(Drôme), « *Desponsans uxorem solvit pro primo concubitu unam eminam tritici episcopo Valentino* ». (*De Allobrogibus*, page 81.)

(1) Ducange (éd. Didot), V° *Pelota*.

(2) En dehors des cas de mariage, la ville percevait un droit sur tout étranger qui venait s'y établir. Il fut fixé à 12 livres, par une délibération du 22 janvier 1645. (Archives de Pierrelatte, E, 3363.) — A Die, le droit de *for-mariage* était un impôt communal perçu directement par le conseil de ville, au commencement du XVIIe siècle. (Archives de Die, CC, 25.)

Confrères (*ut utantur vino ipsius vineæ*). On raconte qu'ils la cultivaient et la vendangeaient eux-mêmes. Quand le ban avait été proclamé par le juge, une troupe de Confrères et de Sœurs, se rendait à Rothard. Les Sœurs cueillaient les raisins et les Confrères les foulaient dans des bennes. On se figure aisément l'entrain et la gaieté de la scène, et avec quels soins minutieux se faisait la cueillette. Si la saison avait été clémente pour les vignes, l'Abbaye en témoignait sa reconnaissance au Seigneur : on mettait de côté la plus belle grappe et une Sœur allait pieusement la déposer sur le maître-autel de l'Eglise. Le Prieur était ordinairement de la partie ; il y avait un petit intérêt, car c'étaient les Confrères qui lui fournissaient le vin pour sa messe. Puis, sa présence pouvait y être utile ; tout en lisant son bréviaire à l'ombre, il comptait son monde de temps à autre et avait l'œil sur les Galatée et les saules. Le soir, vendangeurs et vendangeuses rentraient en ville en chantant autour de la charrette qui apportait la précieuse récolte au caveau abbatial. Mais quelle que fût la fertilité de la saison, la vigne ne rapportait guère au delà de 7 à 8 hectolitres de vin, provision tout à fait insuffisante pour des buveurs de la vieille roche.

Le champ de Mallelone, d'une contenance de 2 salmées, 5 hémines et 5 civayers, pouvait produire, bon an mal an, 24 hectolitres de blé valant environ 134 livres vers le milieu du XVIIe siècle. Par mesure de prévoyance, les consuls l'avaient albergée afin d'empêcher ces enfants prodigues de manger leur blé en herbe (1). Le trésorier de la commune percevait le

---

(1) Il en était à peu près de même dans l'Abbaye de Beau-

prix de la récolte et en payait le montant sur des bons signés de l'Abbé.

Quant au capital de 20 écus légué par Marie Allègre, la commune s'en était aussi chargée moyennant une rente de 7 à 8 livres qui paraît avoir été toujours affectée aux frais des anniversaires des trois bienfaiteurs de l'Abbaye (1).

Tout compte fait, elle n'avait donc, comme revenu fixe, qu'une somme annuelle de 134 livres. Avec la pelote et les charivaris, cela pouvait amplement suffire pour couvrir les frais qui restaient à sa charge lors des réjouissances publiques, mais elle avait tant d'autres dépenses à faire ! Il lui fallait pourvoir à ses plaisirs

---

repaire. Des trois vignes qu'elle possédait, deux étaient albergées pour une rente perpétuelle non rachetable de six barraux de vin « pur, net et recevable », et quatre chapons « bons, gras, lardés, relardés et routis ». (Vaschalde. *Recherches sur les anciennes corporations de la France méridionale*, page 9. Vital Berthin. *Les Abbayes de Bongouvert en Dauphiné*, dans la *Revue de Vienne*, tome II, pages 50 et suiv )

(1) Voici un spécimen des reçus donnés à cette occasion par les Abbés. Je copie textuellement :

« Je soubziné abe de la beye jousse de Pierrelatte confesse avoir resseu de sieur Barthélemy Mellet, conseul du dict lieu, la somme de sept livres seize soulz que les dis sieurs conseuls et comenouté doyvet à la dicte abeye pour dis anees, cervant le present acquit pour la première année mille sis cent et dis insi qu'apert du traicté par acte resseu par metre Piere Monier, notere de Pierrelatte, es an et jour y contenus ; laquelle somme de 7 livres 16 s., est baillée pour faire dire les messes et aultre servisse divin fondées par les donetere des biens appartenant à la ditte abeye, de laquelle ditte somme de 7 liv. 16 s. je tiens les dits sieurs conseuls et commenouté et promet les en fere tenir quitte, en foi ey faict la présente, ce 29 mars 1611, — *Gros*, abé. (Archives de Pierrelatte, E, 3483.)

particuliers, aux longues séances du cabaret, aux banquets, aux agapes fraternelles, aux bombances de l'hôtellerie. La petite récolte de sa vigne était bien vite épuisée et sa caisse était toujours à sec. Pour en combler les vides, elle avait recours à certains expédients qui sont la partie épique de son histoire.

Le privilège sur les veufs et les forains était un précédent dont les Confrères avaient su tirer d'admirables conséquences. De ce qu'ils exerçaient une sorte de juridiction en certains cas déterminés, ils avaient fini par se regarder comme chargés de la police des mariages, d'en protéger la sainteté, de veiller sur les incartades de la femme, cet être par qui le mal est entré dans le monde. En sorte que, par la suite des temps, et de conséquences en conséquences, ils étaient arrivés à s'arroger et à jouir du droit incontesté de lever des contributions sur tous les mariages sans exception, et même de s'immiscer dans les faits les plus intimes de la vie conjugale. Des droits aussi exorbitants ne leur furent jamais, il est vrai, régulièrement concédés ; mais ils les avaient usurpés, et un usage immémorial et le consentement tacite de la population leur tenaient lieu, à cet égard, de patentes et d'instruments authentiques. Les traditions nous ont conservé des détails assez piquants sur la manière dont ils pratiquaient le *compelle intrare*.

Quand la nouvelle d'un prochain mariage se répandait en ville, les fortes têtes, les meneurs, se formaient aussitôt en chapitre dans la salle ordinaire de leurs séances. L'événement était scruté et examiné sous toutes ses faces : état social des futurs, caractères, fortunes, appartenances et dépendances. Dans cette délibération, tenue à huis clos, on arrêtait un programme où tout était calculé selon les circonstances, où chacun avait son rôle tracé d'avance, soit pour agir avec ensemble, soit pour tourner certaines de ces difficultés qu'un bon stratégiste doit prévoir à la veille d'une action. Le jour arrivé, les Confrères, sur un avis du Sergent, étaient à leur poste et se mettaient à l'œuvre.

S'il s'agissait d'un mariage entre familles riches et considérées, les choses se passaient le mieux du monde. De grand matin, ils attachaient autour de la porte du mari des guirlandes de verdure agrémentées de galants transparents et ils dressaient, tout auprès, une haute pyramide de sarmens pour le feu de joie ; d'autres formaient des arcs de triomphe en buis, ou autre feuillage, en travers de l'une des rues que le cortège devait suivre pour se rendre à l'église. Le soir, pendant le banquet, ils se réunissaient devant la maison et faisaient rage avec des vivats, des chants, des pétards et des coups de pistolet. Ces démonstrations populaires flattaient toujours la vanité des familles, aussi les nouveaux époux, en entendant le vacarme, se prêtaient-ils de bonne grâce aux circonstances et s'exécutaient galamment. Le mari, se levant de table, offrait le bras à sa jeune femme encore parée de la robe nuptiale et, suivi de ses convives et de domestiques portant des chandelles allumées, il se présentait sur le seuil de sa porte. Alors l'Abbé, s'avançant au-devant d'eux, adressait un petit compliment à la mariée et lui présentait un flambeau en l'invitant à allumer le feu de joie. L'usage et la politesse voulaient que les époux restassent quelques minutes à voir brûler le feu. Pendant ce temps, ils jetaient des poignées de dragées aux assistants, et un domestique apportait deux verres de vin que l'Abbé et le mari buvaient après avoir trinqué fraternellement. D'ordinaire, celui-ci, avant de se retirer, donnait l'ordre de porter à l'hôtellerie de quoi faire grand'chère, surtout force jambons, langues fumées, saucissons d'Arles, et autres « esperons de discipline gutturale ». D'autrefois, il ne donnait rien en nature, mais il payait, sans compter, toutes les dépenses faites ce soir-là en son honneur.

L'affaire ne se passait pas toujours aussi courtoisement, mais c'était alors une partie de plaisir, une de ces expéditions où l'Abbaye se complaisait le plus, où son génie se déployait dans toute sa splendeur.

Quand le marié appartenait à une classe moins élevée, s'il avait mauvais caractère et n'entendait pas raillerie, les Confrères y mettaient une certaine mesure. Ils se bornaient à ce que j'appellerai les voies extérieures. Pendant la nuit, à l'heure qu'ils jugeaient propice, ils s'assemblaient devant la maison et commençaient un vacarme infernal pour effrayer la mariée, tirant des pétards, frappant à la porte, jetant des pierres aux contrevents, chantant en chœur quelque chanson grivoise, appelant les époux à grands cris et leur adressant, au ravissement infini des voisins, les plus indiscrètes questions ; pendant ce tapage, l'un d'eux se hissant aux fenêtres, faisait un trou aux contrevents pour tâcher de voir ce qui se passait ; puis, commandant le silence d'un geste, il proclamait à haute voix, sur le ton du crieur public, les plus étranges découvertes. Le vacarme recommençait ensuite de plus belle, et ils continuaient ainsi, sans se lasser, jusqu'à ce que le malheureux, irrité, poussé à bout, finît par entr'ouvrir ses contrevents pour parlementer et transiger.

Si, au contraire, le mari était un bon vivant, s'il avait marqué parmi les membres actifs et influents de l'Abbaye, ils lui faisaient toutes les farces imaginables. Pendant que la noce était à l'église, ils clouaient sa porte; ils enlevaient son escalier, s'il était en bois; ils démontaient son lit afin que les époux, au moment psychologique, tombassent tout à coup à terre ; ils mettaient dans ses draps du poivre, du crin haché menu, un serpent, etc., etc. Tout cela variait selon le caprice et l'imagination des acteurs. Ce n'est pas tout : le marié avait eu beau composer et payer largement et d'avance les contributions d'usage, il ne pouvait éviter les surtaxes ; il ne pouvait surtout éviter une visite nocturne, car les Confrères étaient de grands trouble-fêtes qui affectionnaient particulièrement ces visites. Donc, pendant la première nuit, alors que les époux croyaient pouvoir compter sur la foi des traités, ils crochetaient ou enfonçaient leur porte ; si, par prudence, portes et fenêtres avaient été barricadées, ils enlevaient des tuiles et se glissaient par le toit. Alors, envahissant la maison comme place conquise, ils pénétraient dans la chambre conjugale, cherchaient à arracher la mariée du lit, tiraient les couvertures, lui contaient, comme épithalame, mille gaudrioles et forçaient le mari à avaler, pour se réconforter, une soupe fortement épicée, ou certains breuvages mystérieux dont le Sergent connaissait seul la formule. D'autres, — les esprits pratiques, — fouillaient la maison, faisaient main basse sur tout ce qui se peut manger et allaient s'installer dans la cave. Là, autour d'une futaille renversée en guise de table, ils buvaient et gaspillaient, en une nuit, la provision d'une année; sous prétexte de chercher le meilleur, ils débouchaient toutes les bouteilles, mettaient les tonneaux en perce, oubliaient de fermer les broches, laissaient couler le vin à terre, etc. Et pendant cette scène, le pauvre homme harcelé dans son lit, soupirant à la pensée de ce qui devait se passer en bas, laissait tout faire sans oser se plaindre, sans oser perdre de vue sa femme un seul instant (1).

Cette intervention dans les mariages allait encore plus loin. L'Abbaye exerçait la police jusque sur les faits les plus intimes de la vie privée et elle punissait, à sa manière, les manquements à l'autorité et à la foi conjugales.

Un mari, trop oublieux de sa dignité, se laissait-il battre par sa femme? On faisait une sorte de cérémonie destinée à rappeler au pauvre homme que la poule ne

(1) A Valence, à une époque assez reculée, il est vrai, ces licences étaient poussées à des extrémités incroyables. Dans une transaction du 13 juillet 1440, les vexations contre les nouveaux époux sont ainsi expliquées : *Translationes violentes ad prostibulum, ad Rhodanum et alia loca importunia.* (Minutes d'Avenet, notaire à Valence, fol. 32, aux archives de la Drôme, E, 2556.) A la fin du XVIIIe siècle, les idées et les mœurs y étaient bien changées. Des jeunes gens de la ville, ayant injurié une jeune mariée du Bourg, furent poursuivis criminellement devant la sénéchaussée et condamnés à 10 livres d'amende chacun. (*Ibid.*, B, 610.)

doit pas chanter devant le coq. Il était appréhendé et hissé à reculons sur un âne (1). En cet état, on le promenait processionnellement dans les rues, au son du tambour, au milieu des chants, des rires et des quolibets. De temps à autre, on s'arrêtait pour faire boire le patient, après quoi une bonne âme ne manquait jamais de lui essuyer la bouche avec la queue de l'animal. Sous prétexte de lui donner à boire, un Confrère portait un broc qu'il se faisait remplir à chaque station du cortège ; de son côté, le Sergent, la besace sur l'épaule, s'en allait, comme un frère quêteur, quémandant de porte en porte des provisions de bouche. Le soir, la troupe joyeuse, chargée de dépouilles opimes, rentrait à l'hôtellerie où la comédie se terminait par un grand souper.

Dans tout le Midi, cette exécution s'appelait *la Paillade*, à cause de la paille qui figurait dans le cérémonial (2). L'emploi qu'on en faisait a varié selon les

---

(1) A Romans, c'était un voisin du mari qui montait sur l'âne. Il était conduit, en grande cérémonie, devant la statue de saint Pichon, à qui il faisait amende honorable pour le mari battu. (Dochier, *Mémoires sur la ville de Romans*, page 126.) M. Pilot (*Annuaire de l'Isère*, 1841, page 65), dit que « l'usage « de faire monter sur l'âne existe encore dans tout le Dau« phiné ».

(2) Très anciennement, la paille était un symbole d'investiture, de transmission de propriété ; aujourd'hui encore on en attache sur les objets qui sont à vendre. Dans quelques provinces, les maris battus étaient conduits, sur un âne, au marché et criés aux enchères comme des modèles de soumission que toute femme devait être désireuse de posséder. En rapprochant ces faits, on peut supposer que l'usage de la paille, en cette circonstance, vient de ce que, à l'origine, on en mettait un bouchon sur le malheureux époux en signe de vente.

localités. Je rapporterai à ce sujet les analyses sommaires de deux procédures devant le sénéchal de Valence, qui donnent quelques traits pris sur le vif :

1638-1650. — Roudil ayant été battu par sa femme, la jeunesse de Meyras (Ardèche) lui fit « la Pailhade, « comme on a accoutumé de faire de toute ancien« neté, semant de la paille par les chemins, buvant et « chantant ». Le mari battu et content rit tout le premier de la cérémonie et donna du vin aux jeunes gens ; mais six ou sept jours plus tard, il les accusa d'avoir frappé sa femme et enfoncé la porte de sa maison. (*Inventaire des Archives départementales de la Drôme*, B, 41.)

1770-1779. — Instance criminelle contre divers individus pour voies de fait contre Richard, sous prétexte qu'il aurait été battu par sa femme. Les accusés « ayant mis des cocardes de paille à leurs cha« peaux, suivis d'une populace considérable, avec un « homme qui battait de la caisse », placèrent de force ledit Richard sur un âne et lui firent traverser Livron au milieu des huées de la foule. Le patient perdit connaissance et il fallut l'emporter dans une maison particulière, où le châtelain du lieu vint le protéger. (*Ibid.*, B, 599.)

Une autre catégorie de maris, encore plus maltraités de la fortune, les Cornards, puisqu'il faut les appeler par leur nom, étaient encore justiciables de

---

Voir *Recueil des meilleures dissertations sur l'histoire de France*, par Leber, tome II; la réimpression du *Recueil des chevauchées de l'asne, faites à Lyon en* 1566 *et* 1578. (Lyon 1862, in-8°.)

l'Abbaye (1). Il paraît qu'à une époque très reculée elle faisait en leur honneur la promenade du coucou (2), mais les traditions sont si vagues et si incertaines que je n'ai pu découvrir comment se traitait cette matière délicate, quel était le cérémonial de la promenade et de quelle façon on s'y prenait pour soutirer quelques pistoles aux susdits Cornards. Probablement, il devait y avoir bien des abus, pour ne rien dire de plus. Il est même très probable que, parfois, plus d'un honnête bourgeois, sans que sa digne épouse eût commis le moindre manquement, se laissait volontairement rançonner par crainte d'une esclandre publique. S'il en était ainsi, le procédé mériterait un fort vilain nom, mais nos étourdis appréciaient peut-être la chose à un point de vue beaucoup plus large. Pour eux, c'étaient de bonnes farces, de bons tours joués au philistin, et ils n'y trouvaient pas plus de mal qu'à aller la nuit, avec escalade et effraction, voler les poules ou les lapins du voisin.

Certaines Abbayes de Dauphiné ne se bornaient pas à cette main-mise sur les mariages. Elles avaient ajouté aux divertissements usités ces jours-là des cérémonies de leur façon qui ne sont pas les traits les moins singuliers des mœurs de nos pères. J'en rappellerai un épisode, bien qu'il ne touche en rien à l'Abbaye de Pierrelatte.

---

(1) Il y avait, au XVIe siècle, à Rouen et à Evreux des sociétés formées tout exprès pour se divertir aux dépens de ces infortunés. Voy. Ducange, V° *Abbatia cornardorum*.

(2) A Dieulefit, les jeunes gens promenaient aussi un coucou dans les rues, mais la cérémonie était dirigée contre les époux qui n'avaient pas d'enfants. Voir *Notice sur Dieulefit*, par M. Lacroix, page 157 du tirage à part.

Après le banquet du soir, c'étaient les moines et les moinettes qui conduisaient la nouvelle mariée dans sa chambre et la mettaient au lit. Il se passait là une scène que Chorier s'est borné à indiquer dans le passage suivant (1) : « Un païs si abondant en vin n'a « pas produit un peuple ennemy dê Bacchus. Nous « auons encore assez de marques des deuoirs, pleins « de libertinage et de débauche, que le Dauphiné ido- « latre luy a rendus. Nos pères ont veu dans Vienne « des statues de Silènes, couchez et couronnez de « ceps et de pampres, jugées dignes d'être portées à « Fontainebleau par les ordres de la reine Catherine « de Médicis. Mais les débordemens licentieux du « carnaval, du Charivary et de l'Abbaye de Mau- « gouuert, dans toutes les villes de ce païs, nous sont « des preuves convaincantes des honneurs qu'il y a « eus. *In oppido Lauinio* — dit saint Augustin, — « *unus Libero totus mensis tribuebatur, cujus* « *diebus omnes verbis flagitiosissimis utebantur* « *donec illud membrum per forum transuectum* « *esset, atque in suo loco quiesceret. Cui mem-* « *bro inhonesto matrem familias honestissimam* « *palam coronam necesse erat imponere.* La plus « honneste femme eut passé pour trop scrupuleuse, « au temps de nos pères, si après un mariage sujet « aux règles de cette Abbaye déréglée, elle eut voulu « se dispenser de cette sorte de serment ridicule « qu'on exigeoit d'elle, après le compliment qu'on luy « auoit rendu. Elle ne pouuoit refuser, ni par con- « séquent de porter les deux mains sur ce *superbum*

(1) *Hist. de Dauphiné*, in-fol,. t. 1, page 238.

« *nocturnum putidum caput* — comme parle « un ancien — car c'en estoit la forme essentielle. « Nous pouuons conjecturer de là que Bacchus n'a « pas esté autrefois plus modeste parmy les Dauphi- « nois que parmy les Lauiniens. »

Chorier n'a pas cru devoir nous conserver la formule du « serment ridicule » prêté par la mariée, mais on peut aisément s'en faire une idée. Ce serment ne pouvait certainement être conçu en termes moins raides que ceux du compliment; or, voici comment les dames du Graisivaudan saluaient une nouvelle mariée, le soir de ses noces (1).

*Le Bon soyr donné par les dames et damoizelles cy apprès nommées à Damoizelle Anne Fléarde, espozée de Monseigneur Monsieur le Baron de Marcieu et de Botières, en l'an 1587 :*

LA MÈRE DE L'ESPOZÉE.

Ma fille, ne vous faschez pas ;
Monsieur promet qu'en ce voyage
Il marchera le petit pas
Et qu'il excuzera vostre eage.

MADAME DE LA MARCOUSSE, sœur de mon dit Seigneur.

Madame, je responds pour luy ;
Il est assez discret et saige ;
Mais enfin faut-il ouvrir l'huys
Et recognoistre le passaige.

---

(1) *Ce que chantaient, en* 1587, *les Dames en Dauphiné* (Grenoble, Ed. Allier) in-8° de 6 pages non chiffrée, signé « Un bibliophile Dauphinois. » (M. Eugène Chaper.) C'est la reproduction d'une petite pièce fescennine qui nous a été conservée par un notaire d'Allevard, nommé Levrerd.

MADEMOIZELLE DU MOTTET.

Croyez que pour petit qu'il soyt,
Qu'il se fera prou de mesure,
Je veux qu'on me donne le fouet
Si je le dis à l'adventure, etc., etc.

Les dames et les demoiselles qui disaient, sans sourciller, ces belles choses, appartenaient toutes à de grandes familles dauphinoises. Puisqu'il en était ainsi dans la haute société, faut-il s'étonner du *superbum caput* et de toutes les excentricités qu'on se permettait dans les classes populaires?...

Les Confrères de Pierrelatte levaient ordinairement leurs contributions, séance tenante, de haute lutte, mais il y avait des personnes dont la position sociale commandait des égards et qu'on ne pouvait soumettre à des exécutions violentes. L'Abbé tenait registre de ces cas particuliers; il les taxait selon les usages ou l'état des fortunes et le Sergent allait ensuite faire la recette à domicile. A Romans, on procédait différemment. Certains jours de l'année, l'Abbé parcourait la ville, en costume de cérémonie, précédé de deux violons et suivi de ses moines et moinillons. Il entrait dans les maisons où avaient eu lieu des mariages et il percevait lui-même les redevances. La comptabilité de ces étranges sociétés était plus régulière qu'on ne pense. On y tenait minutieusement compte de toutes les recettes, avec les dates et les provenances. Les dépenses pour fêtes, banquets, fournitures, etc., étaient payées par celui qui tenait la caisse, sur des mandats signés de l'Abbé. Ces mandats et les factures des fournisseurs étaient joints au compte de dépenses, comme pièces justificatives et, à la fin de l'année, la comptabilité était discutée et apurée en une séance générale (1).

---

(1) Voir, comme exemple, les comptes de l'Abbaye de Romans. (Archives de la Drôme, E, 3797.)

LES Abbayes de Bongouvert consacraient parfois une partie de leur budget à des dépenses d'intérêt public, sans doute pour se faire pardonner leurs incartades et se concilier la bienveillance des gens qui ne voient les choses qu'au point de vue utilitaire. Dans sa *Notice sur Pierrelatte*, M. l'abbé Vincent dit que notre Abbaye appliquait ses revenus, « non-seulement aux fêtes et aux « jeux, mais encore aux établissements publics (1). » Je trouve, en effet, que le produit de son champ de Mallelone fut affecté, en 1635, à la réparation de la chapelle Saint-Roch (2) ; mais cet auteur va trop loin en

(1) *Notice historique sur Pierrelatte* (Valence, 1858, in-12), page 58.

(2) Archives de Pierrelatte, E, 3362. — Il en était de même dans l'Abbaye de Romans. En 1594, elle fit faire la porte de la cave du collège et diverses réparations ; en 1595 et [illegible] elle fit don d'une chaire à l'église Saint-Barnard, et paya les gages du prédicateur. (Arch. de la Drôme, E, 3797.) A Piolenc

supposant que la halle fut construite de ses deniers (1). Il base son argumentation sur l'arbalète qui est sculptée sur l'un des piliers : « Un sentiment de reconnais- « sance, dit-il, dut inspirer à la municipalité la pen- « sée de faire sculpter les armoiries de l'*Abbas* sur le « monument édifié avec une partie des fonds de la « joyeuse confrérie. » Assurément on aimerait laisser à l'Abbaye le mérite d'avoir fait élever ce bâtiment communal ; mais ce n'est là qu'une hypothèse toute gratuite, attendu que les armoiries dont il s'agit sont celles de la ville (2).

Après sa participation à quelques travaux publics et les frais nécessités par les fêtes, l'Abbaye dépensait le reste de son budget à faire chère lie. Toutes ses manœuvres n'avaient pas d'autre but que d'en arriver là. Chaque expédition se terminait invariablement par un dîner ou un souper à l'hôtellerie : chaque partie de boules, de paume ou de quilles, par de longues

---

(Vaucluse), l'Abbaye entretenait le luminaire de l'église (Archives de la commune, BB, 1); à Orange, elle employa le produit des Charivaris, en 1507-1518, à réparer les remparts de la ville. (Arch. de la commune, B B, 12.) Il serait facile de multiplier ces exemples.

(1) Il place, par erreur, cette construction en 1630. Elle est bien antérieure, puisqu'il y a une délibération consulaire, du 1er mai 1611, concernant un emprunt à contracter pour en payer la toiture. (Archives de Pierrelatte, E, 3362.)

(2) Les armoiries de Pierrelatte sont : d'*Azur, à une arbalète d'or accostée en pointe d'un* P *et d'un* L *de même.* Je ne sais d'après quel document Lainé, dans ses *Archives généal. et hist.*, t. VII, les blasonne ainsi : *d'Azur, à 3 bandes d'or.* Le fleuron placé sur le titre de cet opuscule est le fac-simile d'un cachet qui se trouve au bas d'une quittance donnée par les consuls le 24 avril 1597.

séances au cabaret. Je touche là aux parties vives, à l'âme même de mon sujet. Après avoir narré les divers exploits de ces jeunes gens, il m'eût été bien doux de les saisir dans leur plus cher élément, dans leur gloire; de les peindre attablés dans quelque bonne et grasse hôtellerie, servis par des chambrières dignes de celles du *Chariot-d'Or*, au milieu des pots et des verres, buvant et mangeant *papaliter* aux dépens du prochain. Malheureusement, on le comprend, il est impossible de donner des détails précis sur ce point capital. Ces choses-là ne se trouvent pas dans les archives ; les convives n'avaient à côté d'eux ni historiographe pour décrire la belle ordonnance de leur table et la façon dont ils y officiaient, ni tabellion pour prendre note des bouteilles vides, des chants et des joyeux propos. L'entrée de leur Eden m'est donc tout à fait interdite, on peut seulement y jeter un très rapide coup-d'œil.

Dans une procédure rapportée plus loin, l'Abbaye est traitée de « *goinfrerie* pleine de rapines et de péchés ». D'autre part, les traditions populaires ont gardé le souvenir légendaire de banquets si plantureux, si énormes, que, auprès d'eux, celui des noces de Gamache serait collation de Chartreux un vendredi-saint. Cela ne suffit-il pas pour imaginer bien des scènes bachiques, bien des infractions aux saints commandements? Il faut l'avouer, faire bombance et fréquenter les cabarets étaient le grand défaut des adeptes de Bongouvert, et nos braves enfants ne différaient en rien de leurs congénères. Acceptons-les ainsi et soyons indulgents ; ils étaient jeunes et ils s'amusaient de si bon cœur ! De leur temps, les étudiants de l'Université de Valence, qui appartenaient cependant aux classes élevées de la société, n'étaient guère plus sages, puisqu'on fut obligé de faire et de renouveler maintes fois des règlements pour leur défendre de hanter les tripots et les tavernes. Ceux-ci pouvaient, du moins, alléguer pour leur justification des dits notables sur la matière et de beaux apophtegmes en latin et en grec, mais nos Confrères n'en savaient pas si long. Ils n'appartenaient pas à l'aristocratie et n'étaient pas de grands clercs ; leurs Abbés eux-mêmes savaient à peine écrire. Puis, ils avaient parfois de biens mauvais exemples sous les yeux : En 1691, les consuls furent obligés de casser aux gages le sieur Collin, maître d'école, qui avait été arrêté ivre en pleine rue ; en 1696, il fut nécessaire de prendre une délibération pour avoir des maîtres « plus exemplaires » (1). Franchement, que pouvait être la jeunesse formée à ces hautes écoles et par de tels maîtres ? Peut-être encore faut-il rappeler à leur décharge qu'il régnait autrefois un étrange préjugé sur l'ivrognerie. On croyait sérieusement, sur la foi d'Hippocrate, d'Arnaud de Villeneuve, de Sylvius et autre illustres, qu'il fallait s'enivrer quelquefois pour se maintenir en santé. Cette prescription se formulait ainsi :

*Una salus sanis, multam potare salutem.*

Après tout, étaient-ils si coupables parce qu'ils fréquentaient les cabarets ? On n'y va pas toujours pour boire ; le cabaret est un lieu de réunion pour ceux qui n'en ont pas d'autre. La vie de famille ne suffit pas

(1) Arch. de Pierrelate, E, 3371, 3372.

à l'homme qui travaille de ses mains, il lui faut un peu de distraction, un peu de vie de société et de vie publique ; il trouve tout cela au cabaret. C'est le Forum où se débitent les nouvelles, où retentissent, où se discutent les événements publics. Les idées démocratiques s'y propagent, le patriotisme et la liberté y trinquent, tout comme l'amitié, et c'est un peu pour cela, je pense, que, sous prétexte de moralité publique, les gouvernements les ont toujours surveillés de près (1). Mais ceci n'est pas précisément de mon sujet, je reviens à mes Confrères.

Leurs autres plaisirs étaient plus avouables et ne donnent pas matière à controverse. Ils observaient avec la plus scrupuleuse exactitude toutes les fêtes, civiles et religieuses, où il était autrefois d'usage de se divertir, comme la Saint-Blaise (2), les Brandons, la mi-carême, Pâques, Noël, etc. C'est surtout pendant le carnaval, époque si chère à la jeunesse, qu'ils se donnaient libre carrière et s'épanouissaient en folles joies. En ces jours bénis du ciel, ils étaient les boute-en-train de la ville ; ils organisaient des bals, des tirs

---

(1) Voir notamment un édit d'Henri III, rendu en 1584, « ordonnant de dresser un état des hôteliers, cabaretiers et taverniers exerçant en Dauphiné ». (Archives du bailliage de Saint-Marcellin, années 1584-1589.) — Arrêts du Parlement de Grenoble, du 21 mars 1682, défendant les académies de tabac, de cartes et de dés. (Recueil de Giroud, t. I, p. 667.) — Circulaire de l'intendant Bouchu (1693) demandant un état des cabaretiers, aubergistes et logeurs. (Arch. de la Drôme, E, 4045.)

(2) Le 3 février, fête des tisserands et des drapiers. On sait qu'il y avait autrefois à Pierrelatte une fabrique fort active de petites étoffes dites *Pierrelatines*.

et des mascarades, faisaient la promenade et le procès du Carmentrant. Tous ces divertissements sont suffisamment connus : à quelques détails près, ils étaient ce qu'ils sont encore de nos jours. D'ailleurs, j'ai hâte d'arriver à une de leurs fêtes qu'ils célébraient en plein carnaval, le dimanche de la Septuagésime. Celle-là a laissé des souvenirs historiques; elle mettait toute la ville sur pied; c'était leur fête carillonnée, leur solennel majeur.

A Pierrelatte, le dimanche de la Septuagésime était appelé les *Romarins*, en patois les *Roumanis;* c'est le *Dies Romasinorum* du testament de Louis de Lacroix. Dès le matin, la Jeunesse s'assemblait en son hôtellerie habituelle pour vider quelques pots et se mettre en train, car, dit maître François, « beuverie est esguillon de « tout bon esbattement ». Quand tous étaient réunis, et chacun bien lesté et à point, ils se formaient en procession. En tête marchaient deux ménétriers jouant du violon ; puis venait l'Abbé revêtu de ses insignes civils et militaires, tenant sa longue canne d'une main et, de l'autre, un grand romarin enjolivé de rubans, de faveurs et d'autres babioles. Derrière lui étaient le Lieutenant, portant le drapeau de l'Abbaye, et le reste des Confrères. En ce bel ordre, ils se rendaient gravement à l'église, en leur chapelle où les Sœurs les attendaient. Après une messe dite à leur intention, le Prieur descendait de l'autel et bénissait le romarin, au milieu des Confrères rangés en cercle et tenant chacun un petit cierge peint en rouge (1). La cérémonie terminée, ils se prenaient sous le bras et sortaient de l'église par une porte latérale ouvrant sur le cimetière. Là il se passait une scène assez singulière. Toujours avec leurs cierges peints en rouge et l'Abbé avec le romarin, ils allaient sur la tombe de cette Marguerite Sobeyran dont j'ai rapporté le testament en faveur de l'Abbaye, et ils se mettaient à danser, tout autour, un branle, en chantant une chanson dont voici le sujet. Il s'agit d'une vieille femme amoureuse, mais très riche, qui va épouser un jouvenceau ; chaque couplet est une critique de la vieille :

A la vieille on demandoit
Quel jupon elle vouloit
La vieille n'a répondu
En tull' Babet si y en avoit ;
Requinquez vous, vieille,
Requinquez vous donc. } *bis*

A la vieille on demandoit
Quelle dentelle elle vouloit ;
La vieille n'a répondu
En maline si y en avoit.
Requinquez vous....

A la vieille on demandoit
Quels souliers elle vouloit ;
La vieille n'a répondu
En marocain si y en avoit.
Requinquez vous....

---

(1) *Almanach du Dauphiné*, loc. cit. — Pourquoi des cierges peints en rouge ? Comme il faut s'attendre à tout de la part des Frères de Bongouvert, l'explication se trouve peut-être dans cette phrase du récit du voyage de Panurge et de ses compagnons dans l'île des lanternes : « La royne fut servye « d'un gros et roide flambeau flamboyant de cire blanche, un « peu rouge par le bout. » (*Pantagruel*, liv. V., ch. 33.)

## CHANSON POPULAIRE

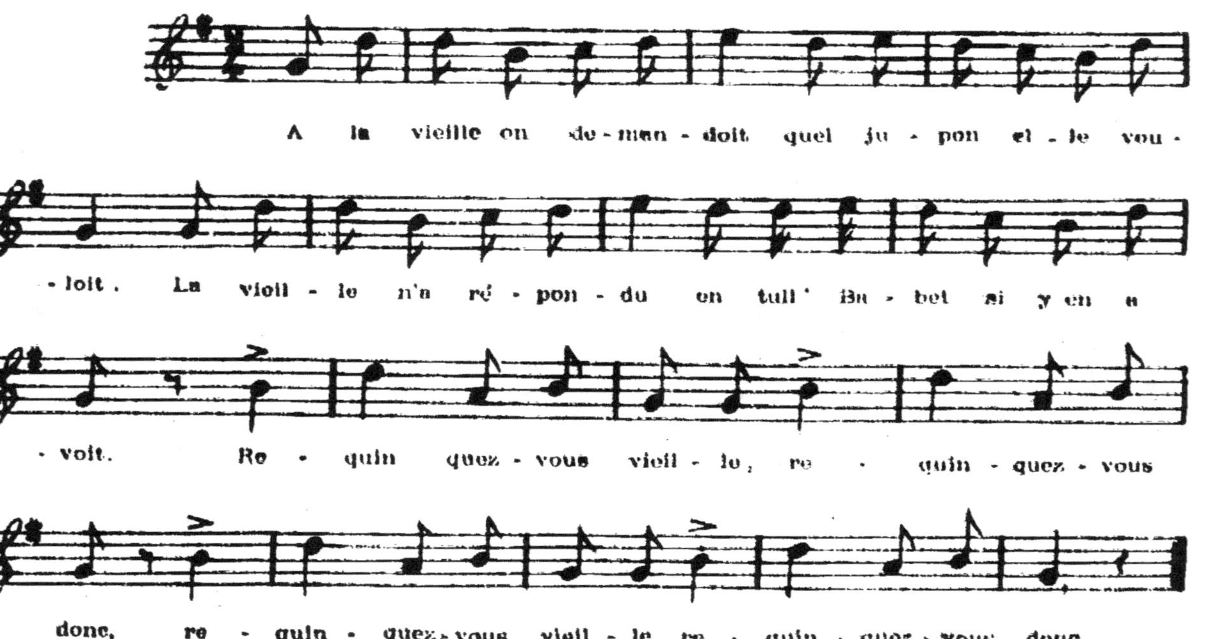


L'Abbaye Joyeuse de Pierrelatte.

Grenoble, Xavier Drevet, Editeur.

Cette chanson, sur laquelle je reviendrai tout à l'heure, pouvait donner lieu à des développements sans fin ; on y passait en revue les détails les plus secrets de la toilette de la mariée. Elle se chantait, avant la la Révolution, sur un air fort gai dont je joins ici la musique.

Après avoir dansé et chanté le temps prescrit par leur rituel, ils se reformaient en procession, les deux ménétriers en tête, l'Abbé avec le romarin, le Lieutenant avec le drapeau et chaque Confrère donnant la main à une Sœur. Ils parcouraient ainsi plusieurs fois les rues, chantant le *Requinquez vous vieille*, faisant la farandole, poussant des *noël* et des *évohë*, et s'arrêtant de temps à autre à la porte des cabarets pour se maintenir en haleine. Toute la ville était aux fenêtres, ou dans les rues, pour voir défiler le cortège. Sur son passage, le Sergent, une besace sur l'épaule, le dos en voûte et le chapeau en main, quêtait des sous et entrait dans certaines maisons qu'il savait hospitalières où l'on jetait dans sa besace des munitions pour le repas du soir. Enfin, las de chanter, de crier et de farandoler, ils s'arrêtaient sur une place et se rangeaient autour de l'Abbé. Ils chantaient un dernier couplet de leur chanson, ils dansaient un dernier branle, puis au moment prescrit, l'Abbé brûlait le romarin après l'avoir arrosé de trois verres de vin. Ce dernier rite accompli, chaque Confrère reconduisait courtoisement sa commère chez elle, et la journée se terminait par un de ces festins qui se prolongent bien avant dans la nuit, où il se fait assez de tapage pour empêcher toute une ville de dormir.

Je dois m'arrêter un instant sur les détails de cette fête pour en rechercher l'explication.

Pierrelatte n'est pas la seule ville où le romarin a figuré dans les fêtes populaires ; à Bédarrides, il y avait un dimanche du *Roumani* (1) ; à Béziers le jeu bizarre du *Roumani* avait lieu pour ainsi dire à l'ombre d'un romarin (2). Des recherches spéciales permettraient certainement de multiplier ces exemples; en tout cas, ils suffisent pour établir que, dans d'autres localités du Midi, le romarin jouait un rôle dans certaines réjouissances. Cet usage, dont l'origine doit être très ancienne (3), peut s'expliquer par quelques-unes des croyances relatives à cet arbuste.

Les troubadours ont chanté son parfum comme exaltant le cerveau et provoquant l'enthousiasme poétique. Le vin dans lequel on avait fait infuser ses feuilles passait pour un stimulant souverain, aussi les nouveaux mariés et les amants en faisaient-ils usage pour reprendre de nouvelles forces. On le rattachait à toutes les choses du vin et de l'amour et il est souvent cité, en ce sens, dans les vieux fabliaux et les chansons érotiques et bachiques. Or, il est probable que dans les provinces du Midi, où les souvenirs de l'antiquité et les galanteries du gay sçavoir restèrent si longtemps vivaces, les Abbayes de Bongouvert avaient adopté pour emblême l'arbuste qui symbo-

(1) Archives départementales de Vaucluse, B, 1325.

(2) Voir une dissertation sur le jeu du *Roumani*, par M. J. Azaïs, dans le *Bulletin de la Société archéologique de Béziers*, 1838, t. II, p. 247. Voir aussi *Revue des langues romanes*, février 1878, page 103.

(3) A Pierrelatte, elle était antérieure à 1536, puisque nous avons vu Louis de Lacroix fixer la célébration de l'une de ses messes, *Crastina dis romasinorum*, sans autre explication, comme une époque de l'année suffisamment indiquée.

lisait l'orgie païenne, *Venus bacchata* ; à ce point de vue, la promenade annuelle du romarin était, comme nous dirions aujourd'hui, la fête patronale de l'Abbaye Joyeuse.

La cérémonie du cimetière était toute locale, je n'en ai pas trouvé d'autres exemples. Elle dut être instituée peu après la mort de Marguerite Sobeyran, c'est-à-dire vers 1577, sans quoi, plus tard, les habitants n'en auraient plus compris le sens et le but. Cette femme avait légué un champ à l'Abbaye, mais elle n'avait pas mis pour conditions, comme on l'a repété bien souvent, que la jeunesse irait tous les ans, avec un romarin, danser et chanter sur sa tombe. Son testament ne contenait rien de semblable ; elle s'était bornée à demander trois grand'messes pour le repos de son âme, des cierges et rien de plus. C'était donc l'Abbaye qui, de son propre mouvement, avait institué la cérémonie. Etait-ce, comme il semble, dans un but purement satirique? Mais alors on ne s'explique pas la conduite de ces jeunes gens qui s'en vont danser autour de la tombe de leur bienfaitrice, en chantant une chanson où elle est tournée en ridicule comme une vieille folle ; on ne comprend pas davantage comment le Prieur, directeur spirituel de l'Abbaye, avait laissé s'établir un tel usage, comment il pouvait tolérer une marque aussi indécente d'ingratitude. Evidemment la scène du cimetière avait une autre signification.

En examinant les choses de près, on ne peut y voir qu'un hommage *sui generis* rendu à la mémoire de Marguerite Sobeyran. Les cierges allumés des Confrères ne permettent pas, en effet, de douter qu'ils entendaient accomplir un acte religieux et funéraire.

Voici, je pense, comment on peut expliquer cette façon d'honorer leur bienfaitrice. Le legs de celle-ci était un témoignage d'affection et de bon souvenir; ils en marquaient leur reconnaissance en allant tous les ans visiter sa tombe. Ce legs était, en même temps, une preuve qu'elle avait beaucoup aimé les plaisirs et les divertissements, c'est pourquoi ils faisaient ce pèlerinage le jour de leur plus grande fête. Ils y portaient le romarin, leur emblême, dans le but de l'associer plus étroitement à cette fête qu'elle avait aimée, afin de la faire participer aux plaisirs de la journée. Certainement la bonne femme était en Paradis, si ce n'est mieux, et elle ne se souciait guère des plaisirs d'ici-bas; mais nos jeunes gens pouvaient croire, de bonne foi, que son âme, évoquée par le *Requinquez-vous*, était sensible à leur visite et qu'elle venait toute joyeuse au milieu d'eux prendre part à la fête. Chaque jour, ne fait-on pas des actes encore plus singuliers pour honorer la mémoire d'une personne regrettée?

Ils dansaient et chantaient autour de la tombe comme ils le faisaient en promenant le romarin; c'étaient deux rites obligés. D'ailleurs, le fait de danser dans un cimetière n'avait rien d'anormal. Dans les petites localités, les cimetières n'étant pas clos de murs ou de haies, on y allait danser le dimanche (1). Puis, la danse n'avait pas autrefois un caractère purement profane. Le clergé lui-même l'avait tolérée jusque dans

(1) Cet usage fut défendu par un arrêt du Conseil d'Etat du 23 octobre 1637, mais il subsistait encore au milieu du XVIIIe siècle. Voir les *Ordonnances synodales du diocèse de Saint-Paul-trois-Château*, page 111.

les églises et, sans remonter à des époques plus reculées, il suffit de rappeler que, en plein XVIIIe siècle, il laissait exécuter des pas grotesques devant le Saint-Sacrement, à la procession de la fête-Dieu d'Aix. Peut-être encore faut-il voir dans ce cérémonial quelque chose de symbolique. Le romarin se rattachait aussi à certaines idées relatives à la mort; ses feuilles toujours vertes, toujours vivaces sont un symbole d'immortalité; l'essence très volatile qu'on en retire et l'odeur qui s'en dégage en brûlant, ont passé longtemps pour un désinfectant souverain (1). Les anciens en tressaient des couronnes et l'offraient, avec le myrthe, aux dieux inférieurs; on en plantait sur les tombes (2), souvent on en mettait une touffe dans la main des morts avant de les ensevelir. D'après cet ensemble

---

(1) On en brûlait autrefois dans les rues en temps de peste. Les comptes consulaires de Pierrelatte de l'année 1630 mentionnent une dépense faite pour brûlement de romarin pendant une épidémie qui régnait alors (E, 3403).

J'ajouterai, à titre de simple curiosité, que l'essence de romarin fut en grande faveur auprès des dames du Dauphiné en 1675. Elle était débitée, en grand appareil, sur les places publiques, par un artiste opérateur nommé Pierre Dupille, dit de Belletour. Ce personnage, qui se qualifiait « distillateur du Roy », était fils de Claude Dupille, dit Tabarin. Il avait, disait-il, des lettres patentes l'autorisant à vendre, outre l'essence de romarin, « l'huile d'ambre, le coussinet royal, l'huile « de soleil, la pierre de Clorinde, la teinture de corail, l'em-« plâtre de Paracelse, des bagues de dent de cheval marin, « etc. » (Archives communales de Grenoble, BB, 98.)

(2) On connait ces vers de la chanson de Malborough :

*Sur le bord de la tombe*
*Romarin on planta,*
*Sur la plus haute branche*
*Le rossignol chanta...*

d'idées, le romarin, emblème de joie et de mort, était une offrande funèbre qui convenait mieux que toutes les couronnes aux mânes d'une amie de l'Abbaye Joyeuse. Enfin, on croit voir dans l'acte final de la cérémonie un vestige des superstitions païennes : les trois verres de vin répandus par l'Abbé font songer aux libations des anciens.

La chanson *Requinquez-vous* n'était pas dirigée contre Marguerite Sobeyran, car elle n'avait pas été composée à son intention. C'était un vau-de-vire très populaire que l'on chantait en France longtemps avant sa mort (1). Ses paroles satiriques contre un

---

(1) Cette chanson satirique contre les vieilles femmes qui se marient est très ancienne. Sans entrer dans des détails étrangers à mon sujet, je me bornerai à établir qu'elle était en vogue plus de trente ans avant 1577, époque du testament de la Sobeyran.

Les psaumes traduits par Clément Marot parurent pour la première fois en 1541. Avant que L. Bourgeois, Goudimel et autres les eussent mis en musique, on commença à les chanter sur des airs qui couraient la ville. « Le psaume qui plaisait « le plus à François Ier (mort en 1547) était sur le vaudeville « très connu : *Que ne vous requinquez-vous, vieille, que ne vous « requinquez-vous donc.* » (Fétis, *Curiosités historiques de la musique*. Paris, 1830, in-8°, pages 374-75). Bien que le roi fût peu tendre pour les protestants, il n'y avait, dans le choix de cet air, aucune intention ironique de sa part En ce temps-là, on ne regardait pas si le caractère de la musique convenait bien aux paroles. Fétis (*loc. cit.*) rapporte à cet égard un fait assez plaisant. Il dit que Diane de Poitiers chantait le *Magnificat* sur l'air d'une chanson fort leste, qui commençait par ces mots : *Baisez-moi donc, beau sire.* Dans leur cérémonie du cimetière, nos joyeux Confrères faisaient à peu près comme ces grands personnages ; ils ne voyaient pas combien leur chanson était inconvenante.

mariage ridicule convenaient admirablement à l'esprit et aux tendances railleuses de l'Abbaye, aussi

---

Le *Requinquez-vous* a été pendant longtemps très populaire dans le Midi, mais il a subi, d'âge en âge, d'assez grandes modifications. Il est probable que l'on a dû souvent lui adapter des airs à la mode et que, pour cela, il a fallu faire des coupures. Toutes les personnes qui s'en souviennent le chantent d'une manière différente, mais généralement avec des couplets de six vers, chaque vers de sept pieds. Ceux que j'ai reproduits m'ont été chantés par une paysanne de Pierrelatte très âgée. Quant au texte primitif, je ne sais si on le connait encore. Voici celui que Gautier Garguille nous a conservé dans le recueil de ses chansons, dont la première édition est de 1631 :

Je demanday à la vieille
Quel chapperon elle vouloit.
La vieille m'a respondu :
D'un beau velours s'il y en avoit.
Vous en aurez, vieille,
Vous en aurez donc.
Requinquez-vous, vieille,
Requinquez-vous donc.
Que ne vous requinquez-vous, vieille,
Que ne vous requinquez-vous donc.

Je demanday à la vieille
Quel colet elle vouloit.
La vieille m'a respondu :
D'un beau quintin s'il y en avoit.
Vous en aurez vieille,
Vous en aurez donc.
Requinquez-vous, vieille, etc.

Je demanday à la vieille
Quelle jupe elle vouloit.
La vieille m'a respondu :
D'un beau satin s'il y en avoit.

quand il fut connu à Pierrelatte, les Confrères l'adoptèrent-ils pour leur chant de guerre et leur *Gaudeamus*. Ils le chantaient au cimetière comme ils le chantaient en promenant le romarin, sans aucune arrière pensée, simplement parce que c'était le chant obligé et traditionnel de la fête. Plus tard, quand la vraie portée des paroles fut oubliée, quand la scène du cimetière ne fut plus qu'un simple spectacle, il se forma une sorte de légende sur la Sobeyran. On crut que la chanson faisait réellement allusion à une circonstance de sa vie privée, et on se la représenta comme une vieille fille qui aurait eu l'idée extravagante de léguer un champ aux jeunes gens de Pierrelatte à condition qu'ils iraient tous les ans chanter et danser sur sa tombe. L'*Almanach du Dauphiné* a

---

Vous en aurez vieille,
Vous en aurez donc.
Requinquez-vous, vieille, etc.

Je demanday à la vieille
Quelle musique elle vouloit.
La vieille m'a respondu :
D'un flageolet s'il y en avoit.
Vous en aurez vieille,
Vous en aurez donc.
Requinquez-vous, vieille, etc.

Je demanday à la vieille
Quelle viande elle vouloit.
La vieille m'a respondu :
D'une andouille s'il y en avoit.
Vous en aurez, vieille,
Vous en aurez donc.
Requinquez-vous, vieille, etc.

donné cette tradition légendaire qui a été ensuite répétée, sans examen, par les écrivains dauphinois (1).

---

(1) La fête du Romarin continua à être célébrée tous les ans, avec le cérémonial que j'ai décrit, même quand l'abbaye n'existait plus. Il n'y fut apporté qu'un seul changement, c'est qu'elle fut transférée, du dimanche de la Septuagésime, au 1er dimanche de Carême ou des brandons. Elle cessa tout à fait pendant la Révolution et l'Empire. Sous la Restauration, dont les tendances étaient de remettre en honneur tout ce qui rappelait l'ancien régime, un maire réussit à la rétablir. Elle eut lieu, dès lors, chaque année, comme par le passé, mais sans la scène de la tombe ; la suppression de l'ancien cimetière avait fait oublier l'endroit où reposait la vieille Sobeyran. Après 1830, elle tomba en désuétude, cependant les jeunes gens l'ont célébrée quelquefois, mais de loin en loin seulement. Je lis, en effet, dans le mémoire de M. d'Allard : « Cet usage « existe encore (1851), mais peu à peu il se perd. »

Aujourdhui, avec nos commissaires de police et nos gendarmes, l'Abbaye ne durerait pas vingt-quatre heures, et même quelques-uns de ses meilleurs tours iraient finir en police correctionnelle. Mais à Pierrelatte, ces choses là étaient consacrées par un trop long usage pour que les habitants songeassent à s'en formaliser. Il y avait peu de familles qui n'eussent soit un fils, soit un parent plus ou moins compromis dans la bande, et loin de trouver mauvais qu'on eût tiré quelques écus de l'escarcelle du voisin, chacun riait de l'aventure; on se contait curieusement quand et comment cela avait eu lieu; c'était une distraction, un aliment pour les conversations. Les maris les plus malmenés et tondus le plus ras, auraient pu, en quelques cas, intenter une action devant le juge du lieu; mais eux-mêmes en avaient fait tout autant, peut-être pis, quands ils étaient garçons, et ils se soumettaient, sans mot dire, à ce genre d'impôt, comme aux tailles et à la gabelle. Cela est si vrai que dans les papiers du greffe de la judicature de Pierrelatte on ne trouve pas une seule procédure motivée sur des plaintes de ce genre (1).

De leur côté, les consuls, qui avaient la police de la rue, fermaient paternellement les yeux, ou bien ils riaient comme les autres. Si le tapage et certains rançonnements avaient passé les bornes, ils mandaient l'Abbé ou le Lieutenant pour les admonester; ceux-ci se défendaient en invoquant un alibi et tout était dit.

Le clergé avait des sentiments plus bienveillants encore; non-seulement l'Abbaye était placée sous son patronage, mais, comme on l'a vu, le Prieur allait jusqu'à lui donner secrètement avis de chaque nouveau mariage. Du reste, les Confrères se montraient, en toutes rencontres, fils soumis de l'Eglise; au premier coup de cloche ils accouraient aux offices; ils écoutaient la messe avec humilité et, au besoin, ils chantaient au lutrin; ils dressaient des reposoirs le jour de la Fête-Dieu, et, pendant les processions, ils formaient cortège, en armes, autour du Saint-Sacrement. Leur empressement et leur zèle contribuaient à donner plus de pompe et d'éclat au service divin; les prêtres sont très sensibles à ces choses-là. Sans doute, ils n'étaient pas tous des vases d'élection et plus d'un, qui paraissait fort recueilli au prône, eût bien préféré méditer devant bouteille pleine, ou chapon en broche; mais c'était affaire du for intérieur. En somme, comme ils pratiquaient régulièrement tous les devoirs extérieurs de la religion, les Prieurs étaient au mieux avec eux; ils les laissaient s'amuser à leur guise, convaincus que,

(1) Cette collection, qui s'étend de 1550 à 1789, est aux Archives de la Drôme, série B, art. 1692 à 1701.

tôt ou tard, Dieu saurait bien ramener au bercail les brebis égarées.

Cependant un jour vint où ces bons Prieurs des anciens temps disparurent tout à fait, où ils eurent des successeurs moins tolérants et moins débonnaires. Il s'en rencontra un qui, loin de partager la bienveillance traditionnelle, ne vit en l'Abbaye qu'une institution diabolique, une source de scandales et de mauvais exemples dont les mœurs publiques se ressentaient gravement. Ce Prieur, nommé Mellet, entreprit de couper court au mal par un moyen assez inattendu.

En 1654, pour des motifs qui ne concernent pas l'Abbaye, la seigneurie de Pierrelatte fut donnée à Armand de Bourbon-Conti (1). C'était un prince très pieux ; il avait été élevé pour l'état ecclésiastique, il avait possédé des abbayes et, quoique rentré dans le monde, il continuait à observer les pratiques d'une minutieuse dévotion. Pendant l'un de ses fréquents voyages à Pierrelatte, fut-il témoin de quelques grosses frasques de l'Abbaye ? Je ne sais, mais le zélé Prieur profita de l'occasion si favorable que les sentiments du Prince lui offraient ; il sut intéresser sa piété à ses projets de réforme et, avec son assentiment, les Confrères subirent, en 1659 ou 1660, la plus étrange métamorphose qui se puisse imaginer : ils furent convertis en pénitents blancs.

Un document de l'année 1662, rapproché de diverses autres données, permet de déterminer les traits essentiels de cette réforme (2).

(1) Voir *Lettres historiques sur la seigneurie de Pierrelatte*, par M. Lacroix (Valence, Céas, 1862, in-12), pages 58 et suivantes.

(2) *Note des points à soumettre à l'évêque pendant sa visite de* 1662. (Archives de Pierrelatte, E, 3484.)

La nouvelle confrérie fut placée sous l'invocation de saint Joseph e. sous la direction spirituelle du Prieur. Elle eut pour chef un recteur élu tous les ans le dimanche qui précède la fête de saint Joseph; les biens de l'Abbaye lui furent attribués; les services annuels que celle-ci faisait célébrer pour ses bienfaiteurs, services qui avaient été déjà réunis en un seul, furent reportés à l'un des jours de la semaine où tombe la fête de saint Joseph; on affecta à son usage une petite chapelle qui existe encore (1) et dont une vue est en tête de ces recherches. Les nouveaux pénitents eurent un costume spécial : grande robe blanche serrée à la taille par un cordon bleu, et une discipline pendue au côté; sur le tout, la cagoule, ou cuculle, sorte de capuchon percé de deux trous qui cachait la figure comme un masque. Enfin, la célébration de leur office fut fixée au dimanche, après le coucher du soleil, sans doute afin de les soustraire aux tentations que peuvent faire naître l'oisiveté et une soirée de dimanche. La confrérie fut nommée *Confrérie de Saint-Joseph de la Jeunesse* ou tout simplement *Confrérie de la Jeunesse*. Cette dernière appellation resta, paraît-il, officielle. Quant aux Sœurs, elle formèrent une confrérie séparée dite du Saint-Rosaire.

Une transformation si radicale n'avait rien de con-

(1) Cette chapelle sert aujourd'hui d'écurie, ou de grenier à foin. Je l'ai fait restituer, d'après les souvenirs des habitants, telle qu'elle était au commencement de la Révolution. La gravure, pastiche des eaux-fortes du XVIIIe siècle, a été exécutée d'après un dessin de M. Picard, notaire à Pierrelatte, par l'un de nos compatriotes, M. Adrien Didier, de Gigors, que son admirable talent a dès longtemps placé parmi les plus habiles artistes modernes.

traire aux idées religieuses qui dominaient alors toutes choses, et les Confrères s'y soumirent de bonne grâce. D'ailleurs, prier Dieu dans une chapelle entièrement à eux, y chanter de belles hymnes, de beaux répons et de beaux cantiques, ouïr de beaux prêcheurs prêchant exprès pour eux, dire un office, le soir, en habit quasi-monacal, figurer aux processions la cagoule en tête, tout cela n'était pas de nature à leur déplaire. Le Prieur comptait certainement sur l'attrait de ces nouveautés pour leur inspirer peu à peu des habitudes plus régulières et leur faire dépouiller le vieil-homme. Comme prêtre, il devait compter aussi sur les grâces découlant *ex opere operato*, c'est-à-dire sur les grâces que Dieu attache à l'observation de certaines pratiques de dévotion. Mais, hélas! le succès fut loin de répondre à ses bonnes intentions et en 1662, il s'élevait déjà des plaintes graves. Dans la *Note des points à soumettre à l'Evêque*, mentionnée tout à l'heure, il se trouve un passage qui donne de bien singuliers aperçus. On y demande que les Confrères de St-Joseph « ne « disent plus leur office pendant la nuit et qu'ils « ne sortent jamais de leur chapelle avec leurs ha- « bits ». En vérité, cela fait rêver ; ne dirait-on pas qu'ils battaient le pavé, la nuit, et qu'ils couraient le guilledou en cagoule? Il paraît aussi que, loin de renoncer aux plaisirs de l'hôtellerie, ils surent trouver, même dans leur transformation, un nouveau prétexte pour quémander des victuailles. La tradition rapporte en effet, que le dimanche, après la messe, deux d'entre eux s'en allaient de maison en maison offrir le pain bénit et qu'on leur donnait, en guise de remerciement, de l'argent, des œufs, des tranches de jambon, etc.

Devant cet endurcissement, les promoteurs de la réforme essayèrent d'un autre moyen souvent très puissant sur les âmes. En 1661, ils appelèrent, de Lyon, des missionnaires de la communauté de Saint-Joseph et, pour favoriser davantage leurs efforts, le prince de Conti fit nommer l'un deux, Claude Frollin, qui avait été son aumônier, prieur de Pierrelatte. Cette mission donna lieu à une grosse affaire (1).

On sait que l'ancien clergé paroissial n'éprouvait pas une très profonde sympathie pour les missionnaires étrangers qu'il appelait dédaigneusement « prédicateurs ambulants ». Or, un vicaire de Pierrelatte, nommé Aragon, se prit de querelle avec ces derniers et les attaqua violemment dans des dénonciations adressées à l'Evêque de Saint-Paul et au premier président du Parlement de Grenoble. Il les accusait de faire tourner la tête aux femmes, d'autoriser les livres défendus, d'enseigner l'impureté en chaire, de détourner les filles du mariage, de vouloir se faire adorer, de faire entrer les femmes dans leur chambre sous prétexte d'oraison, de dire que les garçons et les filles qui ne se marient pas « ont leurs nids ailleurs », enfin « de prescher qu'ils donneront plus tôt l'abso-
« lution à un sorcier qu'à un confrère de Saint-Joseph,
« de décrier les statuts de cette confrérie et dire que
« nos seigneurs les Evêques qui les ont approuvés
« seront damnés ».

Vraies ou fausses, ces allégations firent grand bruit dans la ville. L'officialité fut saisie de l'affaire

(1) Les pièces de cette affaire sont analysées longuement et avec un très grand soin dans l'inventaire des archives de la Drôme, E, 3485.

et, le 27 février 1665, le juge royal Eymard fut commis pour informer. Après diverses procédures, l'un des missionnaires, Légeret, subit un interrogatoire sur faits et articles; voici un extrait de ses dires sur les pénitents de Saint-Joseph :

« Interrogé, s'il est vray qu'il aye presché que « ceux qui ont approuvé l'estatut de la confrérie de « Saint-Joseph sont damnés. »

« Respond, qu'il a presché qu'il y a l'Abbaye de « Malgouvert pleine de rapine et de pesché et qu'il « la faut destruire sous peyne de n'avoir point « d'absolution, et restituer tout l'argent qu'on a tiré « par force de ceux qui se sont mariés; adjoustant, « mais vous me direz que ceste goinfrerie, que vous « appelez confrérie, est appreuvée par nos seigneurs « les evesques; je vous responds que ceux qui ont « donné le titre de confrérie à ceste assemblée de « jeunesse n'étaient pas informés des désordres qui « s'y font. Et pour moy, je ne donnerois pas plus « l'absolution à ces petits voleurs qu'à des sorciers « s'ils ne renoncent à ceste Abbaye comme au sabat; « de quoy il paroit qu'il n'a parlé que contre les dé- « sordres de l'Abbaye de Malgouvert et nullement « contre l'estatut de la confrérie de Saint-Joseph dans « laquelle il n'y a rien que de bon... »

Cette déposition permet de se faire une idée de l'état des choses en 1665, cinq ans seulement après l'institution de la confrérie. Il est clair que la réformation des mœurs n'était guère avancée. Elevés dans le respect de la religion, les jeunes gens disaient sans doute avec assiduité leur office de pénitent, il pratiquaient même, au besoin, quelques œuvres de surérogation, mais il n'avaient nullement renoncé à de chères habitudes. Ils savaient tout concilier, tout mener de front ; à peine sortis de leur chapelle, ils couraient, comme devant, au cabaret ou à l'hôtellerie (1) et cherchaient toutes les occasions de mener joyeux déduit. En un mot, l'Abbaye n'avait pas cessé d'exister, elle n'avait fait que changer de nom et ajouter de nouveaux exercices à son ancien programme.

En 1666, la mort du prince de Conti, en privant le clergé de l'appui du pouvoir temporel, amena un nouveau relâchement dans les mœurs. On en peut juger par ces deux traits empruntés aux lettres du prieur Frollin : en 1675, il écrivait à l'Evêque de Saint-Paul : « quelques confesseurs de votre diocèse « m'ont fait des plaintes sur la conduite de plusieurs « femmes et filles qui causent un grand désordre, « portant le sein découvert avec scandale » ; en 1679, il lui adressait une requête « contre les péni- « tents qui refusent d'obéir à ses ordonnances portant « défense de s'assembler la nuit dans leur chapelle « pour y chanter l'office » (2). Le relâchement s'accentua davantage en 1685. Cette année là fut marquée par deux gros événements : Frollin mourut, plein de jours et de mérites ; presque en même temps, un nouveau seigneur fut donné à Pierrelatte, François-Louis de Bourbon-Conti, petit-fils d'Armand. Ce prince n'avait pas les sentiments de piété de son aïeul et n'était pas homme à empêcher la jeunesse de s'amuser

(1) C'était du reste le défaut de presque toutes les confréries de pénitents. Voir *Ordonnances synodales du diocèse de Saint-Paul-trois-Châteaux*, pages 148 et 150 ; *Ordonnances synodales du diocèse de Grenoble* (Grenoble et Lyon, 1690, in-12), pages 247 et 250.

(2) Archives de Pierrelatte, E, 3486, 3487.

et de boire. Un seul trait suffit à le peindre : « à bout « de tout, dit Saint-Simon (1), il chercha à noyer ses « déplaisirs dans le vin et d'autres amusements qui « n'étoient plus de son âge. »

Ces deux événements débarrassèrent l'Abbaye de toutes entraves et achevèrent de lui rendre sa liberté d'action. Elle resta, aux yeux du clergé, la Confrérie de Saint-Joseph de la jeunesse et cette étiquette religieuse la protégea peut-être contre les arrêts qui, au XVIIe siècle, interdirent diverses sociétés de plaisir, telles que les académies de Bassette, de Brelan, de Tabac et autres ; mais pour les consuls, elle resta l'Abbaye Joyeuse et, sans tenir compte de sa réformation, ils lui conservèrent tous ses privilèges et toutes ses attributions ; comme par le passé, elle resta officiellement chargée d'organiser les cérémonies publiques (2).

Ainsi donc, elle avait résisté à l'orage ; comme le juste d'Horace, elle n'en n'avait point été ébranlée et, comme tous les justes, elle sortait fortifiée par l'épreuve. Pendant un siècle encore elle subsista telle que j'ai essayé de la faire connaître, toujours rieuse, toujours bruyante, répandant dans la cité le mouvement et la vie, déroulant ses longues farandoles, chantant son *Requinquez-vous*, plantant des mais, allumant des feux de joie, tyrannisant les époux et se moquant des viédazes et des buveurs d'eau. Je ne trouve rien de particulier à signaler pendant cette longue période de son existence ; le lecteur peut aisément y suppléer en se rappelant les faits que j'ai rapportés,

(1) Edit. Hachette, 1864, tome IV, page 311.
(2) Archives de Pierrelatte, E, 3419, 3420, 3374, 3375, etc.

faits qui se répétaient invariablement chaque année, dans les mêmes circonstances et avec les mêmes formes.

J'arrive maintenant au coup d'autorité qui fit cesser à jamais tous ces joyeux ébats. On n'avait pu réussir à la modifier par des pratiques religieuses, on eut recours au bras séculier, à la force. Elle fut supprimée tout à coup, brutalement et sans motifs apparents, ou avouables. Voici les pièces relatives à ce brusque dénouement (1).

(1) Archives de Pierrelatte, E, 3489.

Le 4 septembre 1782, le parlement de Grenoble, sur la requête du procureur-général, rendit un premier arrêt, portant suppression de la *Confrérie de la Jeunesse* (1). Il y était dit qu'il devait être signifié aux consuls et lu en une assemblée convoquée à cet effet. Cette assemblée eut lieu et il y fut pris la délibération ci-après :

Du 15 septembre 1782. Le conseil des notables assemblé dans l'hôtel de ville aux formes ordinaires pardevant M. *Faure*, juge royal, invité à cet effet, où étoient MM. les échevins assistés de MM. *Granier*, prieur-curé, conseiller, *de Rouvière*, *Afforty*, *Robin* et *Gauthier*, notables, et *Vincent*, syndic-receveur.

Le Procureur du Roy présent.

---

(1) Cet arrêt ne se trouve ni dans les archives de la ville, ni dans celles de l'hospice où l'on avait cependant intérêt à le conserver. M. Pilot, archiviste de l'Isère, a bien voulu en faire la recherche dans les registres du Parlement, mais sans succès. Il y a lieu de croire qu'il fut transcrit en original au bas de la requête et remis au procureur-général pour être exécuté. Ainsi s'expliquerait son absence dans les minutes des arrêts du Parlement dont la collection est bien complète.

Auquel conseil a été proposé qu'il a été rendu arrest au parlement de Grenoble, le 4e du courant, sur la requête de M. le Procureur-Général, concernant la suppression de la *Confrérie de la Jeunesse* dud. Pierrelatte et l'application des biens et revenus dont lad. Confrérie a joui jusques à présent ; led. arrest portant qu'avant dire droit définitivement sur les fins de lad. requête, il est enjoint au chef de la prétendue Confrérie dont il s'agit et autres détenteurs des titres de fondation ou dotation de lad. Confrérie, de les remettre dans la huitaine au substitut de M. le Procureur-Général à Pierrelatte, et de fait qu'il seroit lu dans une assemblée de la communauté de Pierrelatte qui sera convoquée dans la huitaine, sur quoy il sera délibéré.

Le Procureur d. Roy soussigné conclut à ce qu'il soit délibéré en exécution dud. arrest pour le plus grand avantage de la communauté. Signé *Eymard*, Procureur du Roy.

A été unanimement délibéré, lecture faite dud. arrest, que la Cour est suppliée d'avoir la bonté d'attribuer les biens et revenus de la *Confrérie de la Jeunesse* à l'hôpital de Pierrelatte ainsi qu'il a paru à l'assemblée que la Cour paroissoit être disposée à lad. destination. Signé, *Faure de Vercors*, juge royal, *d'Alart*, premier échevin, Granier, prieur curé, *de Rouvière*, *Afforty*, *Robin*, *Gauthier*, *Vincent* ; *Bérenger*, secrétaire.

Sur le vu de cette délibération, le Parlement rendit, le 18 février 1783, un second arrêt qui confirmait la suppression de la Confrérie et en attribuait les biens à l'hôpital de Pierrelatte. L'arrêt est ainsi conçu :

Sur la requête présentée à la Cour par le Procureur-Général du Roy, contenant que, par arrest du 4 septembre dernier, la Cour, avant dire définitivement sur la requête du requérant, enjoignit au chef de la prétendue *Confrérie de la Jeunesse* de Pierrelatte et autres détenteurs des titres de fondation ou dotation de la Confrérie de les remettre dans la huitaine au Substitut du requérant à Pierrelatte, et ordonna en outre que led. arrest seroit lu dans une assemblée de la Communauté dud. Pierrelatte qui seroit convoquée à cet effet dans la huitaine pour, étant rapportée au greffe de la Cour, être pourvu à ce qu'il appartiendroit; En exécution de cet arrest les pièces et titres relatifs à lad. Confrérie ont été remis au Substitut du requérant à Pierrelatte et seront joints à la présente au nombre de six pièces; La Communauté de Pierrelatte, dans son assemblée du 15 septembre dernier, a délibéré que la Cour seroit très humblement suppliée d'attribuer les biens et revenus de la *Confrérie de la Jeunesse* à l'hôpital dud. lieu, laquelle délibération sera jointe à la présente; Ces deux objets remplis, il ne reste plus qu'à statuer définitivement sur les fins et conclusions prises dans la première requête du requérant. A ces causes, il requéroit qu'il soit ordonné que la Confrérie établie présentement sous le titre de la *Confrérie de la Jeunesse* sera et demeurera supprimée, qu'il seroit inhibé et défendu à toutes personnes, de quelque qualité et condition qu'elles soient de s'assembler à l'avenir pour composer lad. Confrérie, à peine d'être poursuivis extraordinairement, que les biens dépendant de cet établissement seront réunis à l'hôpital dud. lieu de Pierrelatte pour servir au soulagement des pauvres malades, à la charge néantmoins, par led. hôpital, d'acquitter les fondations dont lesd. biens pourroient être grevés; et que l'arrest qui interviendra sera expédié sans lettres ni sceau, publié et affiché au lieu de Pierrelatte et exécuté nonobstant opposition et tous autres empêchements.

Vu par la Cour lad. requête signée *Reynaud*, le 14 de ce mois et toutes les pièces y énoncées, ouï sur ce le rapport du Conseiller commissaire à ce député, et tout considéré

La Cour, enterinant la requête du Procureur-Général du Roy, ordonne que la Confrérie établie à Pierrelatte sous le titre de *Confrérie de la Jeunesse* sera et demeurera supprimée, fait inhibitions et défenses à toutes personnes de quelque qualité et condition qu'elles soient de s'assembler à l'avenir pour composer lad. Confrérie à peine d'être extraordinairement poursuivis; ordonne que les biens dépendants de cet établissement seront remis à l'hôpital dud. lieu de Pierrelatte pour servir au soulagement des pauvres, à la charge par led. hôpital de faire acquitter les fondations dont lesd. biens sont grevés. Et ce présent arrest sera exécuté sans lettres ni sceau, publié et affiché au lieu de Pierrelatte et exécuté nonobstant opposition et autres empêchements.

Fait en Parlement, le 18 février 1783, signé : *Chanel.*

Cinq jours après, le procureur-général fit lever une expédition de cet arrêt et l'adressa à Eymard, juge royal de Pierrelatte, avec une lettre qu'il est intéressant de reproduire :

Grenoble, le 23 février 1783.

Je vous envoye, monsieur, l'extrait de l'arrêt du parlement rendu sur ma requête, le 18e de ce mois, qui supprime la prétendue Confrérie de la jeunesse et en réunit les biens à l'hôpital de votre ville. Je vous prie de le faire publier et afficher, et de tenir la main à l'exécution. Cet arrêt est accompagné des pièces et titres que vous m'aviez adressés. Vous voudrez bien aussi, à la réception de ma lettre, et avant de faire publier cet arrêt, faire mettre en prison, pour 24 heures seulement, le nommé *Lauzun*, pour le punir de son insolence et de ses propos indécents qu'il s'est permis de tenir devant vous le mercredy, 12 de ce mois. Si, contre mon attente, les jeunes gens qui composent cette Confrérie avoient la témérité, comme ils s'en sont jactés, d'arracher ou de faire des dégats dans la vigne dépendant des biens réunis à l'hôpital, vous voudrez bien m'en informer, je les feray punir sévèrement. Ayés la bonté de les prévenir du danger auquel ils s'exposeroient par de pareilles voyes de fait.

J'ay l'honneur........ signé : *Reynaud*, proc. gén.

Ces pièces n'apprennent rien sur les motifs de la suppression de la Confrérie. M. l'abbé Vincent parle de désordres, de graves abus qui se seraient produits (1). Sans doute, il se peut que les Confrères eussent commis quelque esclandre colossale ; mais le Parlement n'y aurait-il pas fait allusion dans les considérants d'un arrêt qui devait être publié et affiché, afin de motiver sa décision sur une nécessité d'ordre public ? Le même auteur dit que la mesure fut pro-

---

(1) *Notice sur Pierrelatte*, p. 29.

voquée par la municipalité. Cela ne ressort nullement de la délibération que j'ai rapportée. Il paraît, au contraire, que ce fut le procureur-général qui prit l'initiative, et que la municipalité se borna à jouer un rôle purement passif et à obéir à l'autorité judiciaire. Les archives de la ville n'apprennent rien sur cette affaire ; l'on ne peut que faire des conjectures sur les vrais motifs qui firent agir le procureur-général.

La lettre de ce dernier laisse deviner que l'irritation des pauvres Confrères dut être profonde et qu'ils essayèrent de protester, à leur manière. Mais eussent-ils arraché tous les plants de leur vigne, à quoi cet acte de désespoir pouvait-il servir ? Ils n'étaient pas de force à lutter, il leur fallut se soumettre ; l'arrêt du Parlement reçut pleine et entière exécution et les biens de la joyeuse société furent réunis à l'hôpital. Dès ce jour, l'âme de la cité était à jamais éteinte ; adieu les plaisirs, les bonnes farces et les bons tours joués aux maris ; adieu les grosses ripailles, les franches lippées et les belles chambrières de l'hôtellerie versant à boire à la ronde. Le souvenir de ces folies et de ces joies troubla longtemps le sommeil de la jeunesse ; quelques incorrigibles essayèrent encore, de temps à autre, de renouer les traditions des ancêtres, mais, traqués par la police, ils durent bientôt y renoncer. L'Abbaye était frappée à mort, elle ne se releva plus. Il ne subsista de toutes ses anciennes pratiques que les charivaris et la promenade annuelle du romarin. Je me trompe, il subsista encore autre chose : quelques maris, les exilés de Corinthe, quelques célibataires, de ceux qui se font ermites sur le tard, quelques jeunes gens, de ceux qui naissent vieux, continuèrent la Confrérie des Pénitents de Saint-Joseph jusqu'en 1790 ; *Crux stat dùm volvitur orbis.*

Ainsi finit l'Abbaye Joyeuse, la dernière de toutes les Abbayes de Bongouvert de Dauphiné. Sa suppression passa tout à fait inaperçue au milieu des préoccupations politiques du temps. Il ne se rencontra pas un P.-L. Courier pour prendre la défense de ces jeunes gens qu'on empêchait de s'amuser ; mais le sentiment populaire les a largement vengés. Leurs fêtes, leurs longs éclats de rire ont laissé d'impérissables souvenirs. Le peuple de Pierrelatte a oublié depuis longtemps tous les grands faits de son histoire locale ; il a oublié les Prieurs, les Conti et tous ces personnages, certainement fort considérés en leur temps, qui signèrent la délibération de 1782, mais il se souvient toujours de son Abbaye Joyeuse. C'est tout ce qu'il sait, tout ce qu'il a retenu du passé. Chateaubriand raconte qu'en visitant les ruines de Sparte, il ne trouva même pas un écho pour répéter le nom de Léonidas ; qu'il y découvrit un seul fragment de monument encore debout, le socle d'une statue du dieu du Rire, sur lequel il déchiffra le mot

ΓΕΛΑΣΜΑ.

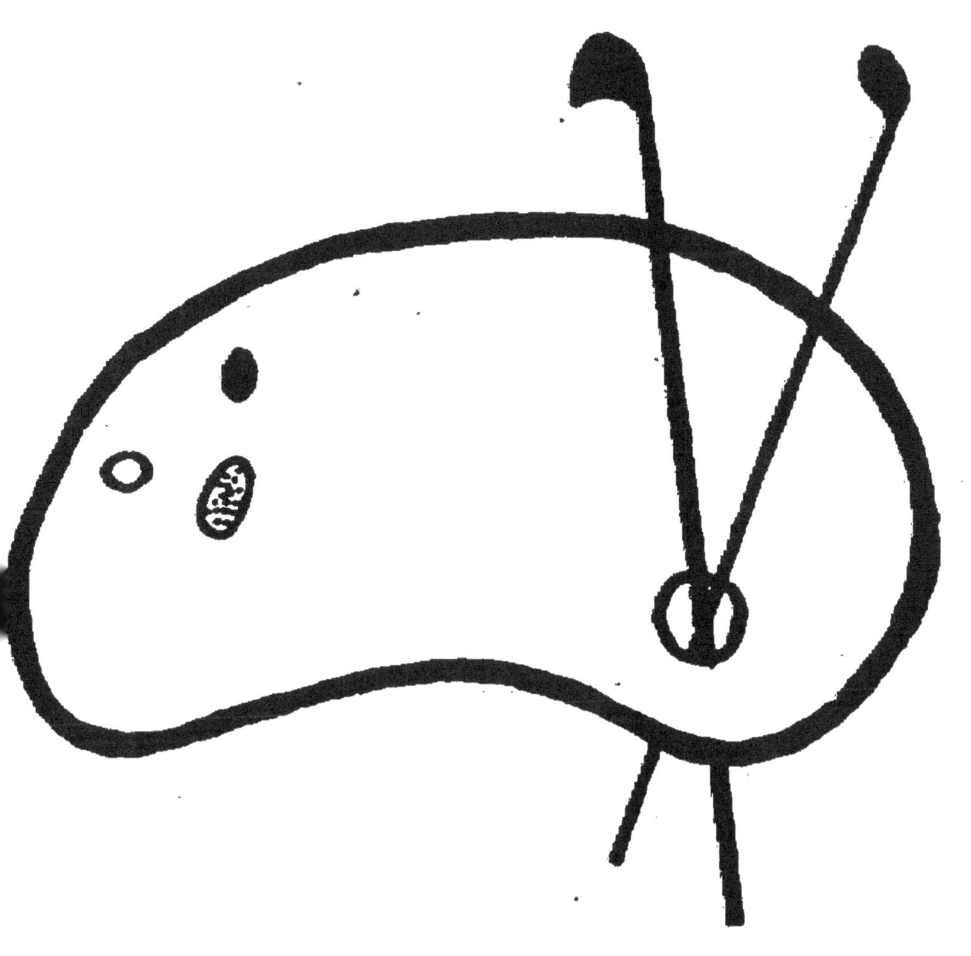

www.ingramcontent.com/pod-product-compliance
Lightning Source LLC
LaVergne TN
LVHW021719230826
846091LV00003BA/960

* 9 7 8 2 0 1 2 9 3 4 1 2 2 *